Lebenslinien
nachgezeichnet
… bis Langenhorn

nachgezeichnet

… bis Langenhorn

von der Biografiewerkstatt
der Ev.-luth. Kirchengemeinde St. Jürgen-
Zachäus in Hamburg-Langenhorn

Autoren:
Renate Blobel
Karin Hiller
Wolfgang Peper
Susanne Rohde
Wolfgang Trautmann
K. Maria Trüggelmann
Ursula Weise
Birgit Wiedenmann-Naujoks

*Bibliografische Information der Deutschen Nationalbibliothek:
Die Deutsche Nationalbibliothek verzeichnet diese Publikation
in der Deutschen Nationalbibliografie; detaillierte
bibliografische Daten sind im Internet über http://dnb.dnb.de
abrufbar.*

© *2015 Ev.-luth. Kirchengemeinde St. Jürgen-Zachäus in
Hamburg-Langenhorn, Eichenkamp 10, 22417 Hamburg*

Titelbild+Layout: Birgit Wiedenmann-Naujoks

*Herstellung und Verlag: BoD – Books on Demand,
Norderstedt*

ISBN: 978-3-7347-7264-1

Inhalt

Und trotzdem ein erfülltes Leben 9

Zufälle – die Dinge, die Gott uns zufallen lässt 17

Gefangen – Gelitten – Glück gehabt:
Ein Nachkriegsschicksal in Ostdeutschland 47

Kolumbien und Porzellan 53

Lasst Euch nicht zum Hass verleiten! 65

Dortmund – Berlin – Frankfurt/Oder – Graz –
Flensburg – Hittfeld – Hamburg
Stationen in Glück und Leid 73

Das Fotoalbum eines Kriegskindes 97

Es begann in der Elchniederung
Hirsebrei und Kälberzähne 105

„Es war ein Land…"
Eine Art Epilog 127

Kinderland? Verschickt! 135

Lebendfalle 143

Vorfreude aufs Fest 145

Vor Weihnachten 147

Liebe Leserin, lieber Leser,

Lebenslinien sind unverwechselbare Spuren in unseren Händen. Sie erinnern an die Einzigartigkeit jedes Menschen.

Als wir uns im Dezember 2013 zu einer Biografiegruppe in unserer Kirchengemeinde St. Jürgen-Zachäus versammelten, hätten wir nicht geglaubt, jetzt ein Buch unserer Arbeit vorstellen zu können: „Lebenslinien nachgezeichnet ... bis Langenhorn". Neben einigen autobiografischen Texten enthält es überwiegend Interviews von Menschen aus unserer Langenhorner Nachbarschaft. Wir, 11 Frauen und Männer im Alter zwischen 50 und 87 Jahren, trafen auf große Offenheit für unsere Interview-Anfragen. Oft war es das erste Mal, dass jemand seine Lebensgeschichte einem zunächst fremden Menschen anvertraute, auch Schmerzhaftes oder Unbewältigtes. Krieg, Gefangenschaft, Hunger, Flucht und Vertreibung prägen das Leben vieler Menschen immer noch, bis hin zur Generation der Kriegsenkel.

Biografie-Arbeit, das lernten wir, bedeutet Begegnung mit sich selbst und mit anderen. Wer seine Lebensgeschichte erzählen will, braucht ein Gegenüber, das einfühlsam zuhört, ohne zu bewerten. Und wer sein Ohr leiht (und seinen Schreibstift), entdeckt einen Schatz, der ihm nicht gehört, der aber das Staunen und manchmal Demut lehrt. Die „Welt von gestern" mit ihren so ganz anderen politischen Rahmenbedingungen, Verkehrswegen, Essensritualen, Liedern, Kleidungs-stücken, Arbeitsplätzen, Glaubenswegen und Träumen berührt immer wieder unsere Gegenwart.

Es gab Gänsehaut-Momente und Tränen, aber auch viel zu lachen und Mut zur Zuversicht. Selten reichte ein Interview aus. Manche Freundschaft ist aus den Treffen mit den Interviewpartnern und in unserer Gruppe entstanden. Einige suchten sogar gemeinsam die Kindheitsspuren ihrer Heimat auf.

Ein großes Dankeschön gilt allen, die zur Herstellung dieses Buches recherchiert, korrekturgelesen und Gestaltungsvorschläge entworfen haben. Befragte, Erzählende und das Autorenteam wünschen Ihnen, liebe Leserinnen und Leser, viel Freude beim Lesen und Staunen.

Der Prophet Jesaja schreibt:

„Gott spricht: Ich will deiner nicht vergessen. Siehe, in die Hände habe ich dich gezeichnet".

Wolfgang Peper

Und trotzdem ein erfülltes Leben

Aufgezeichnet 2014 von Ursula Weise

Leni hatte eine glückliche Kindheit - mit einigen Einschränkungen. Geboren ist sie 1924 in einem kleinen Dorf am Niederrhein mit einer riesengroßen katholischen Kirche. Als evangelisches Kind gehörte man damals nicht so richtig dazu. Zu gerne wäre sie bei den vielen Prozessionen im Dorf auch als weiß gekleidetes „Engelchen" mitgelaufen, aber das ging ja nicht.

Wenn sie und ihre ältere Schwester mit der Tante im Dorf spazieren gingen, hörte sie oftmals die Leute sagen: „Was haben sie nur für eine hübsche Nichte, Fräulein R." Da war aber nicht sie gemeint, sondern ihre hübsche Schwester. Das tat schon etwas weh.

Dafür hatte sie aber ein ganz besonders vertrautes Verhältnis zu ihrem Vater. Der war Studienrat in der nächstgelegenen Stadt und betrieb als Hobby zu Hause eine Obstplantage. Leni half ihm besonders gerne und eifrig und erntete viel Lob vom Vater. Sie war lebhaft, neugierig und immer in Bewegung - der Schorf an den Knien heilte nie richtig ab. Als die große Schwester schon zu der Fraktion der Frauen im Haus zählte, fühlte sie sich immer als die kleine Unwissende. Irgendwann wurde sie dann vom Vater aufgeklärt. Ja - sie war ein richtiges Papa-Kind. Besonders ist ihr die Enttäuschung in Erinnerung, als der Vater sie einmal ungerecht behandelt hatte. Der Vater entschuldigte sich bei ihr und schenkte ihr ein schönes Bilderbuch und ein Gedicht. Leni war aber noch weiter bockig und hat sich dann sehr geschämt, als der Vater ihr eindringlich klarmachte, dass man Entschuldigungen auch annehmen muss.

Als die ersten Auswirkungen der ungeliebten nationalsozialistischen Regierung zu spüren waren, wurde in der Familie die Parole ausgegeben: „Was am Tisch zu Hause geredet wird, dringt nicht nach außen." Die beiden Mädchen durften nicht in den BDM eintreten und sollten sagen, wenn sie von Lehrern bearbeitet werden sollten, warum nicht: „Da müssen sie unseren Vater fragen." Weitere Begründungen gab es nicht. Der Vater selbst war nicht in der Partei und auch nicht dem nationalsozialistischen Lehrerbund beigetreten.

Leni 1927

Bei einem Spaziergang mit dem Vater fiel Leni auf, dass ein dem Vater bekannter jüdischer Kollege aus dem jüdischen Waisenhaus die Straßenseite wechselte, als er den Vater von weitem erkannte. Später wurde ihr klar, dass der jüdische Kollege verhindern wollte, dass der Vater Schwierigkeiten bekäme, da es verboten war, Juden zu grüßen. Der Vater war politisch ein mutiger Mann, hat aber wohl keine größeren Probleme bekommen.

Für die Kinder war es wieder eine Ausgrenzung, nicht die BDM-Veranstaltungen mitmachen zu dürfen, nicht diese interessanten Schuhe mit Nägeln auf den Sohlen tragen zu dürfen, die bei den Aufmärschen so schön klackerten. Stattdessen musste eine Lehrerin die Kinder unterrichten, die davon nicht gerade begeistert war.

Nach der Schulzeit musste Leni zum Arbeitsdienst nach Steinkirchen im Alten Land. Danach wurde sie zum Kriegshilfsdienst in eine Munitionsfabrik in Munsterlager geschickt. Nach kurzer Zeit fühlte sie sich krank, schwach und elend. Der Arzt guckte ihr in den Hals und befahl: „Weiterarbeiten". Man dachte wohl, sie wäre eine Simulantin. Kurz darauf fand eine Lungen-Reihenuntersuchung statt und dabei wurde bei Leni eine Tuberkulose festgestellt. Die Entfernung aus der Fabrik erfolgte sofort. Nach einer Kur im Schwarzwald wurde sie als geheilt entlassen und konnte ihre Ausbildung zur Medizinisch-Technischen Assistentin in Gelsenkirchen im Ruhrgebiet beginnen.

Zur ersten Prüfung als medizinische Gehilfin „durfte" sie mit dem Fahrrad vom Niederrhein ins Ruhrgebiet fahren. Sie hatte von den Amerikanern, die gerade vorher auf der Höhe des Dorfes den Rhein per Pontonbrücke überquert hatten, einen Passierschein für die andere Besatzungszone bekommen.

Zur Zeit der zweiten Prüfung zur MTA hatte Leni einen Rückfall; die TB war zurück und sie konnte nicht an der Abschlussprüfung teilnehmen. Durch eine kurzfristige Aufforderung einige Wochen später konnte sie krank, fiebrig und unvorbereitet doch noch ihre Prüfung nachholen. Sie kann sich an keine Details dieser Prüfung erinnern und meint heute, sie hätte die Note 1 wahrscheinlich aus lauter Mitleid der Ausbilder bekommen.

Inzwischen war die schwer geschädigte Lunge so angegriffen, dass sie wieder ins Krankenhaus und zur Kur musste, diesmal nach Warstein im Sauerland. In dieser Heilstätte wurde sie auch in ihrem Beruf MTA im Labor angestellt und war gleichzeitig gesundheitlich unter Kontrolle.

Leni meint, dass sie mehr als zwei Jahre ihres Lebens wegen ihrer Krankheit im Bett liegen musste. Aber, so bitter die Zeit der akuten Krankheit auch war - es gab noch keine wirklich wirksamen Medikamente gegen TB - so wertvoll war die Zeit in der Heilstätte. Sie hat viel Mitmenschlichkeit erfahren, viel Zugehörigkeit und viele gute Freundschaften und Beziehungen aufbauen können. Ihre Begabung zum Trösten und Einfühlen zeigte sich zum Beispiel, als eine Mitpatientin sagte: „Wenn ich sterbe, musst du aber da sein."

Dazu kamen auch die wöchentlichen Briefe vom Vater, der ihr immer den Rücken gestärkt hat und mit seiner Liebe wie ein Schutzengel seine Hand über sie gehalten hat.
Leni hat ihre Freundschaften und Beziehungen auch nach ihrer Zeit in der Heilstätte stets weiter gepflegt.

Sie hat später geheiratet und ist inzwischen verwitwet. In ihrer humorvollen und lebensbejahenden Art hat sie auch heute noch einen größeren - wenn auch leider immer kleiner werdenden - Kreis von Bekannten und Verwandten von jung bis alt um sich versammelt. Sie ist ihnen Vertraute, Freundin und Beraterin.

Mit den Folge- und Spätschäden ihrer Krankheit musste sie immer wieder schwere Krisen durchstehen und sich durchkämpfen. Aber sie sagt heute: „Ich bin dankbar für ein sehr interessantes, erfülltes und zufriedenes Leben - und hätte nie gedacht, dass ich einmal so alt werden würde."

Zufälle – die Dinge, die Gott uns zufallen lässt

Aufgezeichnet im Frühjahr 2014 von Birgit Wiedenmann-Naujoks

Im Frühsommer des Jahres 1928 erblickt Wilhelm in Swinemünde, der Stadt, die am Schnittpunkt der Inseln Usedom und Wollin liegt, das Licht der Welt. Vier Jahre später bekommt Wilhelm einen kleinen Bruder und nach weiteren vier Jahren eine kleine Schwester. 1928 beginnt die Weltwirtschaftskrise, die nachfolgend auch in Deutschland hohe Arbeitslosigkeit und großes soziales Elend bewirkt. Wilhelm bemerkt als Kind davon nichts, er hat eine wohlbehütete und glückliche Kindheit, die Familie muss keine Not leiden.

Innenansicht des väterlichen Geschäfts, 1947 von Wilhelm aus der Erinnerung gezeichnet

Der Vater hat in guter Lage mitten in der Stadt ein Geschäft für Spielwaren, Schreibwaren, Kunstgewerbe und Sportbedarf. Das Geschäft gehört in Kindertagen mit zum „Reich" von Wilhelm. Peitschenkreisel und Brummkreisel sind zum Spielen vorhanden, mit dem Roller kann man die lange Geschäftsfront auf- und abfahren, es sind stolze 70 Meter. Es werden aber nicht alle Kinderträume wahr. Die wunderschönen, maßstabsgetreuen Schiffsmodelle aus Blei von Viking haben es Wilhelm schon früh angetan, zu gerne hätte er eines, nicht zum Spielen, denn dafür sind die Modelle nicht geeignet, aber zum Haben, zum Träumen. Wilhelm hat die Idee, sich zu Weihnachten und dem Geburtstag zusammen nichts außer einem solchen Modell zu wünschen, aber der Wunsch wird nicht erfüllt. Fünf Mark soll ein solches Viking-Modell kosten, das ist einfach zu teuer.

Über dem Geschäft hat der Großvater väterlicherseits die Waschküche gebaut, er ist Tischlermeister. In der Waschküche steht u.a. der große Waschkessel auf dem Feuer. Das Waschen aller Wäsche geschieht natürlich von Hand, die Wäsche wird mit Wäscheblau zum Strahlen gebracht.

In Swinemünde werden auf einer Werft alte Schiffe abgewrackt, viele Materialien werden aber woanders weiterverarbeitet. So erwirbt der Großvater die Decksplanken, die aus Teakholz sind, um aus ihnen Möbel und Gebrauchsgegenstände herzustellen. Oft sieht Wilhelm die Werke, die der Großvater aus Teak gearbeitet hat, und bis auf den heutigen Tag ist Teak Wilhelms Lieblingsholz. In späteren Jahren wird er sich alle Möbel und Einrichtungsgegenstände aus diesem Holz kaufen, weil er es so gerne mag.

In der Vorweihnachtszeit bekommen die Kinder „wichtige" Aufgaben im Geschäft. Sie dürfen die Waren, die die Kunden sich ausgesucht haben, zum Packtisch tragen. Sie erfüllen diese Aufgabe mit sehr großem Stolz und Eifer.

In den Sommerferien verbringen die Kinder herrliche Zeiten bei den Großeltern mütterlicherseits in Wollin. Der Großvater besitzt eine Werft, dort können die Kinder wunderbar spielen. Auch wird oft das Ruderboot benutzt, um auf dem Dievenow-Strom zu rudern. Aber die Kinder lernen auch segeln. Zu Segelbooten umgebaute Ruderboote oder auch kleine Segelboote beherrschen die Kinder bald perfekt. Besonders stolz sind sie, als sie dem Großvater verkünden, dass sie nun auch das Wriggen beherrschen.

Panorama von Wollin, 1947 gezeichnet von Wilhelm

Der Vater hatte nach dem ersten Weltkrieg den Wunsch, Förster zu werden. Daraus wurde zwar nichts, aber ein guter Freund des Vaters ist Förster, und so verbringt die Familie auch viel Zeit dort. Dem jungen Wilhelm wird die Natur gezeigt, er lernt z.B. Flugbilder von Habicht und Mäusebussard unterscheiden und stromert oft lange in den herrlichen Kiefernwäldern Usedoms herum, um Wild und Natur zu beobachten. Ich meine förmlich, den harzigen Duft der Kiefern an einem Sommertag zu riechen, als mein Gesprächspartner erzählt. Ausgerüstet mit einem Fernglas und daheim mit dem „Neudammer Förster-Lehrbuch" für angehende Förster hat er bald ein ansehnliches Fachwissen. So kann er beispielsweise die lateinischen Namen einiger Tiere und Pflanzen auswendig.

In der Volksschule ist ein guter Sportsfreund des Vaters der Klassenlehrer. Wilhelm gehört zu den fünf leistungsstärksten Schülern, welchen eine besondere Aufgabe zufällt. Sie korrigieren die Hausaufgaben der Mitschüler.

1938 wechselt Wilhelm von der Volksschule auf die städtische Oberschule für Jungen, die Tirpitz-Schule, und er kommt, wie alle anderen seines Jahrgangs, zum Deutschen Jungvolk, später natürlich auch zur Hitlerjugend. Die Uniform trägt er mit einem gewissen Stolz.

Am Gymnasium wird Wilhelms Klasse in Kunst von einem Kunstmaler unterrichtet. Wilhelm hat zum Malen und Zeichnen Talent, und so kann er alle Kniffe und Tricks in Bezug auf Perspektive, räumliche Darstellung usw., die der Kunstlehrer den Schülern zeigt, sehr gut umsetzen.

Der Schreibtisch von Wilhelm ist immer aufgeräumt, jedes Ding hat seinen festen Platz. Auch im zwischenmenschlichen Bereich spielen Regeln eine sehr große Rolle. Als der Vater eine Regel bricht, wird er vom Sohn über eine lange Zeit als Strafe für den Regelbruch gesiezt.

Als nach der Geburt der Schwester eine Tante verkündet :„Wilhelm, Deine Mutter hat heute früh ein Schwesterchen erwartet", da korrigiert der Achtjährige sie ohne zu zögern: „Tante, die Mutter hat das Schwesterchen heute früh nicht „erwartet", sondern „bekommen", so muss das heißen." Von der Tante wird er daraufhin als „Klugscheißer" bezeichnet.

Diese Ordnungsliebe behält Wilhelm sein ganzes Leben bei, Regeln und Ordnung werden immer eine wichtige Rolle spielen. Wilhelm sagt, er sei schon als „Pedant" geboren worden.

Dennoch verfällt Wilhelm irgendwann in der Oberschule ein wenig der Faulheit, seine Noten werden schlechter, er bekommt „Nachhilfe". Diese besteht allerdings nur darin, dass der ein paar Jahre ältere Schulkamerad Horst aufpasst, dass Wilhelm seine Hausaufgaben auch tatsächlich macht. Der gewünschte Erfolg stellt sich schnell ein.

Der Vater von Horst ist der Hausarzt der Familie, Horst selber wird später ein berühmter Arzt und Diabetologe werden. Der Hausarzt, Jude, ist aber zugleich auch ein Freund. Und so ist die Familie sehr verwundert, dass der Freund eines Tages von heute auf morgen verschwunden ist. Die nichtjüdische Ehefrau und die Kinder sind nicht verschwunden. Nach drei Wochen taucht der Freund plötzlich wieder auf und wird natürlich bekniet zu berichten, wo er war und was ihm in der Zwischenzeit widerfahren ist.

Aber der Freund schweigt. Über die Erfahrungen dieser drei Wochen wird er nie sprechen, er sagt lediglich, er sei im KZ gewesen und habe unter Androhung des Todes versprechen müssen, nie ein Sterbenswörtchen verlauten zu lassen.

Wilhelms Familie stellt nach dem Krieg Recherchen an, weil die Sache so merkwürdig ist. 1918 war Hitler in Pasewalk im Lazarett, um sich von seinen Verletzungen, die er bei einem Senfgasangriff erlitten hatte, kurieren zu lassen. Einer der behandelnden Ärzte war wohl eben dieser Freund. Und Hitler hat die Hilfe, die er von ihm erfahren hat, wohl nie vergessen, und so hat entweder Hitler selber oder Goebbels im Auftrag Hitlers die Freilassung von Horsts Vater angeordnet. Bis zum Kriegsende kann der Arzt daraufhin unbehelligt weiter in Swinemünde leben.

1936, also lange bevor der Krieg beginnt, werden die Geschäftsleute praktisch gezwungen, der NSDAP beizutreten. Der Vater umgeht diesen Zwang, indem er sich freiwillig zum Militärdienst meldet. Er hat so auch die freie Wahl, wo er eingesetzt werden möchte. Und als der Krieg beginnt, muss er nicht am Russlandfeldzug teilnehmen, sondern bleibt in Swinemünde auf der Festung Engelsburg stationiert.

Als das Memelland 1939 wieder mit dem Deutschen Reich vereint wird, reist Hitler auch durch Swinemünde. Die „Rückholung" des Memellandes stößt in der Bevölkerung auf breite Zustimmung, und so wird Hitler an allen Stationen seiner Reise planmäßig bejubelt. In Swinemünde wird auch das Jungvolk zum Jubeln und „Heil"-Rufen abkommandiert. Wilhelm ist noch recht klein. Er wird von einem großen, fast schon erwachsenen Jugendlichen auf die Schultern genommen. So ist er beinahe auf Augenhöhe, als der Zug mit dem grüßenden Hitler langsam vorbeirollt. Wilhelm ist stolz, so einen guten Aussichtsplatz gehabt zu haben, aber er ist nicht begeistert, nicht emotional berührt, wie wohl viele andere.

Auch Wilhelms Mutter, überzeugt, dass Hitler ein „Mistkerl" ist, will sich diesen Mann einmal aus der Nähe besehen und nutzt die Gelegenheit, als dieser durch Swinemünde reist. Hinterher sitzt sie tränenüberströmt zu Hause. Wilhelm kann sich nicht erklären, warum die Mutter denn so weint, und so fragt er nach. Ja, sagt daraufhin die Mutter, sie sei doch absolut gegen Hitler eingestellt, sie fände den Mann furchtbar, und dennoch habe sie beim Vorbeifahren Hitlers wie von Sinnen aus Leibeskräften „Heil" gebrüllt, ganz gegen ihre innere Überzeugung. Dass das gemeinsame Jubeln so sehr mitreißend wirkt, findet sie sehr erschreckend. Die Massensuggestion wirkt also.

Wilhelm erhält Klavierunterricht, der ihm aber nicht sonderlich gut gefällt. Clementi empfindet er als Geklimper und nicht als erstrebenswert zu spielende Musik. So übt Wilhelm auch mehr halbherzig als intensiv. Ein Schulkamerad in späteren Jahren kann sehr gut Klavier spielen und ist wohl auch sehr talentiert. Er spielt eines Tages die Invention Nr. 8 in F-Dur von Johann Sebastian Bach, und als Wilhelm das hört, ist es für ihn wie eine Offenbarung, so klar, so wunderschön, so erhaben empfindet er diese Harmonien! Die tiefe Begeisterung für Bachs Musik soll das ganze Leben lang erhalten bleiben.

Am 21. März 1943 wird Wilhelm in der Christuskirche von Pastor Graeber konfirmiert.

Wilhelm wird 1943, wie so viele andere, sogenannter „Kriegsfreiwilliger". Die angebliche Freiwilligkeit wird durch massiven psychologischen Druck erreicht. Pro forma werden die Anwesenden gefragt, wer sich nicht melden wolle. Die wenigen, die tatsächlich vortreten, werden dann vor versammelter Mannschaft nach allen

Regeln der Kunst schikaniert und niedergemacht. Als Wilhelm das mitbekommt, erkennt er, wie aussichtslos es ist, sich aufzulehnen, und macht stillschweigend mit.

Die „Freiwilligen" werden aber nicht einfach so zu Kriegsdiensten eingesetzt, sie werden dem ganz normalen Prozedere des Militärs unterzogen. Das heißt, sie alle müssen sich mustern lassen. Tatsächlich werden einige der Jugendlichen nicht als k.v., also „kriegs-verwendungsfähig", eingestuft. Die k.v. – Gemusterten empfinden trotz ihrer „unfreiwilligen Freiwilligkeit" einen gewissen Stolz, ihrem Vaterland dienen zu können, die als nicht kriegsverwendungsfähig Eingestuften empfinden das als Makel.

Im Juli 1943 wird die Bevölkerung von Swinemünde evakuiert. Swinemünde ist Marinestützpunkt und somit für die Alliierten ein wichtiges Ziel. Die Familie von Wilhelm zieht nach Wollin zu den Großeltern mütterlicherseits. Der Schulunterricht findet aber nach wie vor in Swinemünde statt, und so muss Wilhelm tagtäglich einen je einstündigen Schulweg mit Bahn und Fähre bewältigen Da Wilhelm sich in Swinemünde von der Hitlerjugend ab-, in Wollin aber nicht wieder an-gemeldet hat, ist das Pensum zu schaffen.

Im Januar 1944 werden der gesamte Jahrgang 1928 des Gymnasiums sowie Lehrlinge als „Marinehelfer" zur schweren Flak eingezogen. Die Jugendlichen müssen Soldatenarbeit verrichten, dazu gehört selbst-verständlich auch das Hantieren mit den schweren Geschützpatronen. Wilhelm ist in der Flakbatterie „Ahlbeck" am Stadtrand von Swinemünde stationiert. Dort ist die 10,5 cm Flak aufgestellt, die Geschosse wiegen über 70 Pfund. Tagtäglich müssen diese schweren, unhandlichen Teile aus dem etwas entfernten Munitionsbunker geholt und in den Munitions-Schapps verteilt werden, die rund um das Geschütz angebracht sind. Aber auch als Befehlsübermittler werden die Jugendlichen eingesetzt. Da dies ein sehr verantwortungsvoller Posten ist, fühlen sich die Jungen ein wenig geehrt.

Die älteren, zwar erfahrenen, aber oft doch wesentlich ungebildeteren Soldaten, die hierarchisch natürlich über den Flakhelfern stehen, werden oft hinter vorgehaltener Hand allein schon wegen ihrer falschen Grammatik belächelt. Diese „Kritik" geschieht natürlich verborgen. Absoluter Gehorsam ist oberstes Gebot.

Die Flakhelfer sind in Betonbunkern unter den Geschützen untergebracht. Dort befinden sich mehrere dreietagige Betten und für jeden ein kleiner Spind. Der Tag beginnt um sieben Uhr, es gibt ein gemeinsames Frühstück. Jeden Tag wird exerziert, marschiert und die Bedienung der komplizierten Flugabwehrkanone geübt. Jeder hat zwar den ihm zugewiesenen Posten, aber für den Fall, dass jemand ausfällt, muss man natürlich auch auf allen anderen Posten exakt Bescheid wissen. Wilhelm ist Richtkanonier. Ein Team von zwölf aufeinander eingespielten Soldaten und Flakhelfern bedient das schwere Geschütz. Wenn alles reibungslos funktioniert, kann alle fünf Sekunden ein exakt einjustiertes Geschoss mit klar definierter Höhe und präzise eingestelltem Zeitzünder abgefeuert werden.

Einmal pro Woche geht es zum Duschen in die Kaserne. Werktags ist vormittags, wenn nicht gerade Alarm ist, immer für die Gymnasiasten „dienstfrei". Der Lehrer kommt in diesen Zeiten in die Batterie, um die Jugendlichen weiter zu unterrichten. Es gibt dann aber sehr bald die „Reifebescheinigung der Klasse 7", das Kriegsabitur.

„Angst hat man damals nicht gehabt", sagt Wilhelm auf meine Nachfrage. Selbstverständlich hätte man vom Verstand her erfasst, in welch einer gefährlichen Situation man sich befände, aber da man daran nichts ändern konnte, war es müßig, über diesen Umstand nachzudenken.

In der Familie von Wilhelm ist es üblich, sich zur Begrüßung zu küssen, zu umarmen, körperlich Vertrautheit zu zeigen. Eines Tages wird Wilhelm zum Tor gerufen, er habe Besuch. Der Vater von Wilhelm, Feldwebel, nimmt seinen Sohn in die Arme und küsst ihn, so, wie es immer Usus gewesen ist. Als Wilhelm aber in die Unterkunft zurückkehrt, begegnen ihm überall merkwürdige Blicke, so dass er schließlich nach der Ursache fragt. Schnell stellt sich heraus, dass die Vater-Sohn-Begegnung aus Sicht der Fremden eine Begegnung zwischen zwei Männern war: zwei Soldaten, Vorgesetztem und Untergebenem - und dass sich zwei Männer küssen....

Wilhelm, noch vollkommen ahnungslos, wird schnell über die Außenwirkung aufgeklärt, und fortan müssen Begegnungen zwischen Vater und Sohn ohne die sonst üblichen Rituale auskommen.

Im März 1945 steht die Flucht aus Wollin an – die Russen sind bereits bis an die Ostseite der Stadt vorgedrungen, nur der Fluss trennt die Russen noch von der Stadt. Auf dem Hof des großelterlichen Hauses befindet sich in einem Holzschuppen die Holzmiete, der Vorrat für den Winter zum Heizen, ein sehr großer Stapel. Der Bruder baut den Stapel Scheit für Scheit ab, gräbt da, wo zuvor der Holzstapel war, eine große Grube und versteckt hier Silber und Geschirr, um es möglichst nach der Rückkehr (man ging ja immer davon aus, dass das Verlassen der Heimat ein vorübergehender Zustand war) unversehrt wieder ausgraben zu können. Danach wird der Holzstapel wieder Scheit für Scheit in seinen ursprünglichen Zustand zurückversetzt.

Und tatsächlich wird das so Versteckte nicht entdeckt. Wilhelm besitzt noch heute Besteck und Geschirr, das in diesem Erdloch versteckt war.

Am 12. März 1945 wird Swinemünde zur Mittagszeit in nur wenigen Minuten von mehreren hundert amerikanischen Bombern in Schutt und Asche gelegt. Da die Stadt zu diesem Zeitpunkt mit Flüchtlingen vollgestopft ist, gibt es weit über 20.000 Tote. Während des Angriffs tut Wilhelm Dienst. Seine Familie wähnt Wilhelm in Sicherheit. Eine Woche zuvor ist die russische Front bis Wollin vorgedrungen, die Familie ist, so denkt Wilhelm, bereits in Sallenthin und von dort weiter unterwegs nach Neubrandenburg.

Aus dem Gefechtsstand sieht Wilhelm eine Reihe von abgeworfenen Bomben explodieren, die genau auf den Gefechtsstand zuhält. „Nun ist es aus!" durchzuckt es ihn – aber wie durch ein Wunder explodiert die letzte Bombe etwa 25 Meter vor dem Standort, dann hört die Bombenreihe auf.

Als er kurz darauf in dem furchtbaren Durcheinander in Swinemünde seine Eltern vor der Flakbatterie entdeckt, meint er, seinen Augen nicht zu trauen. Ja, sagt die Mutter, sie seien noch einmal umgekehrt, den furchtbaren Angriff habe man aber in einem Bunker unversehrt überstanden.

Die Stadt ist übersät mit Toten und Verwundeten. Besonders schlimm hat es den Kurpark getroffen, der baumbestanden ist und vielen Flüchtlingen zu einer kurzen Verschnaufpause gedient hat. Die hier abgeworfenen Bomben sind nicht erst am Boden explodiert, sondern bereits auf Höhe der Baumkronen. Die zerstörerische Wirkung der Explosion über dem Boden ist verheerend. Viele der Leichen sind regelrecht zerfetzt.

Kurz vor Eintreffen der Bomber ist Superintendent Brutschke unterwegs zu Pastor Graeber, als nur wenige Minuten nach dem Losgehen die Sirenen schrillen und er daraufhin umkehrt. Seinen Kollegen wird er nicht wiedersehen, dieser kommt bei dem Angriff ums Leben. Wäre er also nur etwas früher losgegangen, wäre auch er vermutlich getötet worden. So hängt die Entscheidung über Leben oder Tod oft von vermeintlich kleinen Zufällen ab.

Ende März wird Wilhelm aus der Batterie Ahlbeck entlassen, er soll in Neubrandenburg neue Verwendung finden. Der Vater empfiehlt ihm, sich nicht sofort dort zu melden, es, wenn irgend möglich, zu verzögern, denn das Ende des Krieges könne nun doch nicht mehr lange auf sich warten lassen. Auf dem Weg zum neuen Einsatzort brechen die Fronten bereits zusammen, Wilhelm kommt nie an seinem eigentlichen Bestimmungsort an. „Was für ein Glück", sagt er, „sonst hätte man uns sicherlich verheizt."

Die weitere Flucht von Neubrandenburg steht bevor. Die väterliche Mutter dort ist bereits schwer krank, bettlägerig und nicht mehr transportfähig. Es ist absehbar, dass keine Genesung möglich ist, und es ist allen klar, dass die Großmutter nicht mit auf die Flucht gehen kann. Dass nun alle bei der kranken Großmutter bleiben, ist auch keine gangbare Option, und so macht die Großmutter kurzen Prozess. Sie will auf gar keinen Fall den Russen in die Hände fallen und nimmt sich das Leben.

Ende April gerät Neubrandenburg unter schweren Artilleriebeschuss und steht praktisch komplett in Flammen. Die Familie ist schon auf der Flucht. Die Habseligkeiten wurden auf einen Handwagen gepackt, obenauf sitzen die kleine Schwester und oft auch die Großmutter mütterlicherseits. Man reiht sich in den großen Flüchtlingsstrom ein, der Richtung Westen zieht. Tausende von Menschen sind auf der Flucht, jeder hat sein Hab und Gut auf Fahrräder, Wagen, Karren gepackt oder trägt seinen Besitz einfach so. Wilhelm ist der einzige in der Familie, der den schweren Wagen ziehen kann.

Die Flüchtlingsströme gehen alle immer grob in Richtung Westen. Die Menschen ahnen, dass sie in Gefangenschaft geraten können und hoffen, dann wenigstens von den Engländern oder Amerikanern gefangengenommen zu werden. Vor den Russen haben alle viel mehr Angst.

Auf meine Frage hin berichtet Wilhelm, dass es natürlich eine sehr schwere Zeit gewesen sei. Da man das harte Los aber mit Tausenden teilte, war es etwas einfacher zu verkraften. Zeit für sentimentale Gefühle gab es nicht. Wilhelm erinnert sich an ein einziges Mal, wo er zur Seite gehen musste, um zu weinen. Da war die Last denn doch zu groß geworden. Ansonsten aber hat man das Schicksal stoisch ertragen. Mir drängt sich die Frage auf, wie die Flüchtenden die ganz alltäglichen Dinge wie Essen, Trinken, Körperhygiene bewerkstelligten. An Einzelheiten kann Wilhelm sich nicht erinnern, aber dass es furchtbare Wochen waren, hart und beschwerlich.

Bis fast nach Wismar kommen die Flüchtenden. Dort werden sie von Russen gestoppt, ihnen wird gesagt, sie sollen wieder nach Hause zurückkehren.

Unterwegs wird auch Wilhelms Familie von Russen ausgeraubt, nicht nur einmal. Das heisere „Uri, Uri!" wird immer wieder gesagt, die Russen stehlen alle Uhren, derer sie habhaft werden können. Manch einer, so sagt Wilhelm, habe vom Handgelenk bis zum Oberarm hinauf alles voller Armbanduhren gehabt.

Aber es gibt noch schlimmere Dinge. An einer Lagerstatt kommen Russen zu den Geflüchteten, ein Russe will sich von einer in der Nähe lagernden Familie die halbwüchsige Tochter zum Vergewaltigen holen. Die Mutter aber beschützt ihre Tochter und stellt sich ihm in den Weg. Der Russe zögert nicht lange und erschießt die Mutter vor den Augen aller Anwesenden. Die Kinder sitzen hernach weinend um die Tote herum. Doch um die Kinder kümmern oder helfend eingreifen kann niemand. Jeder hat gerade so viel Energie, sich um seine eigene Rettung zu kümmern.

Eines Tages kommen bewaffnete Russen und führen viele Menschen ab, darunter auch Wilhelm. Wohin? Warum? Wilhelm weiß es nicht. Sorge um die Familie treibt ihn um. Wie soll die Familie ohne den starken Wagenzieher weiterkommen? So entschließt er sich ohne langes Nachdenken zu einem sicherlich bühnenreifen Trick. Nach ein paar hundert Metern des Weges lässt er sich zuckend und augenrollend zusammenbrechen und täuscht einen epileptischen Anfall vor. Einer der Russen beugt sich über den zuckenden Wilhelm und sagt voller Verachtung „Больной", also „krank", und lässt den Simulanten am Wegesrand liegen. Als die Kolonne sich weit genug entfernt hat, wie ein Blinzeln aus den Augenwinkeln bestätigt, erhebt Wilhelm sich mühsam, noch immer schauspielernd, vom Boden. Zu groß ist die Gefahr, dass jemand anders den Vorfall ebenfalls beobachtet hat. Es muss bis zum Schluss echt aussehen. Die Finte gelingt, Wilhelm kehrt unversehrt zur Familie zurück.

Danach schließlich kehrt Wilhelms Familie erst nach Neubrandenburg und dann nach Swinemünde zurück. Der Krieg ist jetzt vorbei, teilweise fahren auch wieder Züge. Die Familie reist teilweise auf offenen Lorenwagen zusammen mit vielen anderen. Leise Hoffnung kommt auf, dass es nun doch irgendwie weitergehen werde. In Swinemünde treffen sie auf eine befreundete Familie. „Jetzt kommt Ihr?" wird Ihnen entgegengerufen – Betonung auf „jetzt". Nur drei Tage zuvor ist das elterliche Haus abgebrannt, die Familie steht also praktisch vor dem Nichts. Die Freunde nehmen sie aber auf, so dass sie fürs Erste ein Dach über dem Kopf haben. Dann ergibt sich die Möglichkeit, ein Zimmer zu mieten.

Wilhelm bekommt Gelegenheitsarbeit u.a. auf dem Bau und in einer Gärtnerei. Am Morgen des 6. Oktober 1945 sieht Wilhelm auf dem Weg zur Arbeit eine rot-weiße Flagge. Was das denn zu bedeuten habe, fragt er. Ja, wisse er denn nicht, dass Swinemünde heute polnisch werde? wird ihm geantwortet. Daraufhin kehrt Wilhelm auf dem Absatz um, geht nicht zur Arbeit, sondern auf kürzestem Wege nach Hause. Seiner Mutter sagt er, sie solle sofort mit dem Packen beginnen, in wenigen Stunden müssten sie Swinemünde verlassen haben. „Vor den Polen hat man damals viel, viel mehr Angst gehabt als vor den Russen. „Von denen wusste man, dass sie zumindest Kindern gegenüber manchmal ein großes Herz hatten", berichtet mir Wilhelm.

Zu Fuß flieht die Familie in das zehn Kilometer entfernte Bansin. Erstaunlicherweise gelingt die Flucht, die Grenze ist offen.

Die Zeit in Bansin ist erneut eine harte Zeit, die Familie hat nicht genug zu essen, es wird gehungert. Wilhelm sagt, als es danach dann wieder genug zu essen gab, habe man sich regelrecht vollgestopft, weil man doch auf das Sattsein so lange habe verzichten müssen.

Von einem Pastor wird Wilhelm gefragt, ob er wohl in der Lage sei, Bleiglasfenster zu reparieren. Wilhelm meint, das sei doch einen Versuch wert. Glas zu schneiden hat er von seinem Großvater gelernt. So kraxelt Wilhelm in der Kirche von Benz auf einer Leiter etliche Meter in die Höhe, um die durch den Krieg zerborstenen Scheiben auszubauen. Vorsichtig biegt er mit einer Zange die Bleieinfassungen auseinander, entfernt die Scherben und setzt dann neu zurechtgeschnittenes Glas ein. Zum Teil wird dafür Glas aus Bilderrahmen benutzt, was eben gerade zur Verfügung steht. Das Biegen des Bleis muss sehr vorsichtig geschehen, sonst zerbricht das Glas.

Während der Reparaturarbeiten ist Wilhelm im Pastorat untergebracht und bekommt auch gut zu essen. Dort herrscht anscheinend keine große Not.

Der Vater ist auf Fehmarn in Kriegsgefangenschaft. 1946 dürfen Kriegsgefangene, die eine Anlaufadresse haben, das Lager verlassen. Wilhelms Vater gibt die Adresse eines Verwandten in Reinfeld bei Lübeck an. Dorthin holt er dann auch den Rest der Familie.

Die Familie wohnt auf engstem Raum zusammen. Das Zimmer, das nur wenige Quadratmeter misst, muss für alle Familienmitglieder zum Schlafen, Wohnen, Kochen, Wäschewaschen reichen. In einer Ecke steht eine Kochhexe. Dieser kleine Herd ist zugleich die einzige Heizmöglichkeit. Das Zimmer befindet sich auf dem Gelände einer großen Sägerei im ersten Stock. Direkt daneben ist die Dämpferei, wo mindestens einmal in der Woche Holz gedämpft wird, bevor es zum Weiterverarbeiten getrocknet wird. Das Zimmer von Wilhelms Familie heizt sich dann in kürzester Zeit auf Temperaturen von 30 Grad auf, worunter insbesondere die Mutter sehr leidet.

Die Sägerei, 1946 von Wilhelm gezeichnet

Wilhelm möchte nun gerne sein Studium beginnen, er möchte schließlich Förster werden. Doch die „Reifebescheinigung nach Klasse sieben" wird nicht als Abiturersatz anerkannt. Das Abitur nachzumachen ist zwar theoretisch möglich, aber die Umstände sind gegen Wilhelm. Um zur Schule zu gelangen, müsste

Wilhelm jeden Tag pro Strecke eine Stunde mit der Bahn fahren. Die Bahnen verkehren aber nur sehr unregelmäßig. Zudem kostet Bahnfahren viel Geld, das die Familie nicht hat. Wilhelm entschließt sich kurzerhand, eine Lehre zu beginnen. Als Lehrling bekommt man oft schon ein wenig Geld, so könnte man die Familie über Wasser halten.

Im Rückblick sagt Wilhelm, er habe vielleicht romantische Vorstellungen von dem Beruf des Försters gehabt, vielleicht wäre er in dem Beruf auch gar nicht glücklich geworden.

So besinnt er sich auf das Familienhandwerk „Buchbinderei". Ein Onkel ist Buchbindermeister, so ist das Handwerk nicht ganz fremd. Nach drei Jahren Lehrzeit legt Wilhelm die Gesellenprüfung ab und arbeitet, teilweise auch im Verkauf, als Buchbinder. Dann kommt 1951 die Rezession, viele Menschen verlieren aufgrund der schlechten Auftragslage ihre Arbeit und müssen „stempeln" gehen, wie man sagt. Auch Wilhelm wird von diesem Schicksal nicht verschont. Ein Jahr lang bleibt er arbeitslos.

Da Wilhelm sich gleich nach der Ankunft in Reinfeld in der kirchlichen Jugendarbeit engagierte, entsteht der Gedanke, den Dienst in der Kirche zum Beruf zu machen. Schon vorher war Wilhelm vom Pastor gebeten worden, ihn doch einige Male beim Konfirmandenunterricht zu vertreten. Wilhelm entdeckt, dass ihm die pädagogische Arbeit mit jungen Menschen liegt und Freude bereitet, und so entschließt er sich, als das Arbeitsamt zu Ostern 1952 seine Leistung einstellt, Diakon zu werden.

Obwohl Hamburg recht nahe liegt, lockt die Großstadt den jungen Wilhelm nicht. Auf Bildern erkennt er die enge Bebauung, ahnt die Menge von Menschen, die hier zusammenlebt. So möchte Wilhelm sich in Rickling vorstellen. Bei der Ankunft dort begegnet er einer großen Gruppe behinderter Menschen, die gerade zur Arbeit geführt werden, und Wilhelm erkennt, dass er für die Arbeit in Rickling nicht geeignet ist. So radelt er dann doch nach Hamburg, um sich im „Rauhen Haus" vorzustellen. Dort beginnt er kurz darauf seine Ausbildung zum „Diakon und Wohlfahrtspfleger", wie es damals hieß, heute „Diplom Sozialpädagoge".

Reinfeld, von Wilhelm 1951 aquarelliert

Jetzt kommt ihm sein künstlerisches Talent zugute. Aus der Erinnerung malt er u.a. die Geschäftsräume des Vaters, die Stadtsilhouette von Swinemünde, die erste Unterkunft nach der Flucht in Reinfeld. Dass das nicht nur persönlich festgehaltene Erinnerungen sind, merkt Wilhelm, als er Reinfeld als Erinnerungsbild malt. Viele Chormitglieder sind von seinem Werk so begeistert, dass sie sich dieses Bild gerne an die Wand hängen möchten.

In diese Zeit fällt aber auch ein großer Wermutstropfen. Aus einer intensiven Freundschaft zu einer jungen Dame war im Laufe der Zeit eine zarte, erste Liebe gewachsen. Für eine gemeinsame Zukunft hätte die als zukünftige Ehefrau auserkorene Liebste ebenfalls nach Hamburg ziehen müssen. Sie ist durch den Krieg und die Flucht aber so schwer traumatisiert, dass sie sich ein erneutes Aufgeben der gerade neu gewonnen Heimat nicht vorstellen kann. Wilhelm und sie bleiben aber bis zu ihrem Tod enge Freunde.

Ein halbjähriges Praktikum gehört zur Ausbildung, Wilhelm macht es als Jugendgerichtshelfer. Die hier gesammelten Erfahrungen kommen ihm als „Familienleiter" sehr zugute. Die „Familienleiter" im „Rauhen Haus" leben den Wichernschen Gedanken der liebevoll führenden statt strafenden Hand. Da die Kinder des „Rauhen Hauses" außerhalb der Einrichtung oft schief angeguckt werden, entsteht der Gedanke, ihnen ein wenig mehr Selbstbewusstsein zu vermitteln, und so komponiert und dichtet Wilhelm eigens für diese Kinder das „Lied der Rauhhäusler Jungen", das stolz geschmettert wird.

Die Ausbildung wird mit mehreren Examina abgeschlossen: Dem staatlich anerkannten Wohlfahrts-pflegeexamen, Dipl. Soz. Päd., dem Diakon-Examen, dem Religionslehrerexamen und den Verwaltungs-prüfungen eins und zwei für kirchliche Dienste. Auch in der Examensarbeit mit dem Titel „Der Erziehungsgedanke in der geschichtlichen Entwicklung des Jugendstrafrechts und im Jugendgerichtsgesetz von 1953" liegt der Schwerpunkt auf den liebevoll erziehenden statt strafenden Maßnahmen, die man Jugendlichen angedeihen lässt. Wilhelms Arbeit wird von diesem Grundgedanken geleitet werden.

1957 tritt Wilhelm seinen Dienst als Diakon in der Gemeinde St. Jürgen in Hamburg-Langenhorn an. Langenhorn ist zu dieser Zeit noch recht ländlich geprägt. Kühe weiden dort, wo später große Wohnquartiere entstehen werden, die U-Bahn-Linie bekommt die Haltestelle Kiwittsmoor erst 1960, viele Straßen sind noch nicht einmal geplant. Die befürchtete Enge der Großstadt, die Unruhe, die vielen Menschen sind in Langenhorn noch ferne Zukunftsmusik.

Und doch ist die Kirche mit ihrem einen Gemeinderaum den Anforderungen räumlich kaum gewachsen. Der Gemeindesaal liegt direkt neben der Kirche. Dort findet z.B. der Konfirmandenunterricht statt. Zeitgleich ist aber auch oft in der Kirche Betrieb. Die beiden Räumlichkeiten stehen über einen Heizungsschacht in Verbindung miteinander. Leider bringt dieser Schacht nicht nur warme Luft, sondern allzu oft auch die Geräusche des benachbarten Raumes. Das führt natürlich zu Konflikten. Auch der jährlich stattfindende Weihnachtsbasar hat nur diese kleine Räumlichkeit zur Verfügung. Über eine steile Wendeltreppe gelangt man ins Untergeschoss, wo ältere Gemeindemitglieder den Kaffee bereiten und dann mit Kaffee und Geschirr die steile Treppe wieder nach oben gehen müssen. Die Stolper- und Verletzungsgefahr ist nicht unerheblich – Wilhelm entscheidet, alle Gewohnheiten über Bord zu werfen und zu Basarzeiten die Sakristei und das Kirchenschiff als Basarfläche mit einzubeziehen. Ab jetzt müssen die älteren Helfer die Wendeltreppe nicht mehr fürchten.

Auch das Kirchenschiff selber birgt Konfliktpotential: die sonntags im Anschluss an den Gottesdienst stattfindenden Kindergottesdienste finden regen Zuspruch. Die kleinen Gottesdienstbesucher haben zum

Warten aber nur den Vorraum der Kirche zur Verfügung. Und da kleine Füße selten lange stillhalten, ist auch hier der Ärger vorprogrammiert. So entsteht in Wilhelm die Idee, ein größeres Gemeindehaus direkt neben die Kirche zu bauen, so dass eine räumliche Entzerrung stattfinden kann. Durch glückliche Fügung hat ein Mitglied des Kirchenvorstandes gute Beziehungen zum Bauamt, und nach etlichen Ideen und Plänen, die wieder verworfen werden, darunter z.B. die Idee, den Anbau in seiner äußeren Gestaltung dem Pastorat anzupassen, entsteht der Anbau mit Büroräumen und Gemeindesaal, wie er heute noch steht.

Fortan können Gottesdienste und Konfirmanden-unterricht u. ä. parallel stattfinden, ohne sich gegenseitig zu beeinträchtigen. Auch die wartenden Kindergruppen müssen nun nicht mehr mucksmäuschenstill und regungslos bis zum Ende des Erwachsenen-gottesdienstes ausharren.

Die Kirche selber bekommt eine größere Empore eingepasst, aus Holz, und auch hier fügen sich Zufälle zu einem wunderbaren Ganzen: Mit der Planung wird der Sohn des Architekten beauftragt, der die Kirche entworfen hatte, und als der Altmeister das fertige Werk der nachfolgenden Generation begutachtet, ist er hochzufrieden. Dass die Kirche einmal ohne Anbau und nur mit Mini-Empore existiert haben soll, vermag man sich als heutiger Besucher gar nicht vorzustellen.

Bei Dienstantritt hatte der Pastor seinem Diakon ein kleines, einfaches Zimmerchen zur Untermiete bei einer älteren Dame in der Nähe der Kirche besorgt. Nach einer aus Sicht Wilhelms harmonischen Zeit als Untermieter wird ihm dann plötzlich gekündigt.

Wilhelm kann sich darauf keinen Reim machen und fragt nach. Seine Vermieterin erzählt ihm, dass sie sich da in einer gewissen Notlage befände, die Nachbarn hätten „geredet". Es sei einfach nicht schicklich, einen Flüchtling bei sich wohnen zu lassen.

Voll Verständnis, aber auch schweren Herzens, zieht Wilhelm aus und erneut in ein kleines, einfaches Zimmerchen in der Nähe der Kirche. Als die Dame, bei der er nun zur Untermiete wohnt, verstirbt und die Kinder das Haus übernehmen, muss Wilhelm erneut eine neue Bleibe suchen.

Der Pastoratsanbau wird zu dieser Zeit erweitert, die geplante Dienstwohnung für den Diakon ist aber noch lange nicht bezugsfertig. So wohnt Wilhelm provisorisch mehrere Monate in einem Raum des Gemeindehauses.

Schon in Reinfeld hatte Wilhelm begonnen, im Chor zu singen. In der Matthäuspassion von Schütz bestritt er sogar einen Solopart. Außerdem beginnt er, Posaune zu spielen. So ergibt sich die Gründung eines Posaunenkreises fast als logischer Schritt. Viele schöne Konzerte, Gottesdienste und andere musikalische Höhepunkte folgen, nicht nur in Hamburg. Wilhelms Posaunenchor ist auch in anderen Gemeinden gern gesehen. Ein Höhepunkt ist zum Beispiel das Musizieren auf dem Golm auf Usedom. Dort sind die unzähligen Toten des amerikanischen Bombenangriffs im März 1945 in Massengräbern beigesetzt worden. Eine Gedenkstätte ist eingerichtet worden, und alljährlich findet am Jahrestag des Angriffs eine Gedenkveranstaltung statt. Wilhelm spielt hier mit den jungen Posaunisten, für alle sicher ein sehr bewegender Moment.

Zur Zeit dieser Aufzeichnung leitet Wilhelm seinen Posaunenchor ohne Unterbrechung seit 57 Jahren, das ist vermutlich einmalig!

Das Unterrichten der Konfirmanden gehört natürlich zu den festen Aufgaben eines Diakons. Der Konfirmandenunterricht ist noch streng nach Geschlechtern geteilt. Auch Konfirmandenfreizeiten werden organisiert.

Für die Jungen bietet Wilhelm oft eine Radtour über Pfingsten nach Reinfeld und Timmendorfer Strand an.

Einmal in den siebziger Jahren geschah Folgendes:

Auf dem Weg wird in der Nähe von Bad Oldesloe eine Bahnlinie überquert. Die Schranken sind geschlossen, die Fahrradgruppe hält an und lässt den Zug passieren. Die Schranken öffnen sich, und der Trupp, eine ungefähr 50 Meter lange Schlange, setzt sich in Bewegung. Die ersten Jungen haben die Bahngleise überquert, da sieht Wilhelm aus den Augenwinkeln eine Bewegung: Ein weiterer, vom Schrankenwärter offenbar „vergessener" Zug, nähert sich in rasender Geschwindigkeit. Ohne langes Nachdenken brüllt Wilhelm „LOS!" und alle treten wild in die Pedale. Gleichzeitig senken sich die Schranken. In allerletzter Sekunde erreichen Wilhelm und seine Jungen die rettende Seite. Für die Fahrerin eines VW-Käfers, die durch die heruntergehenden Schranken auf dem Gleiskörper gefangen ist, kommt jede Hilfe zu spät. Vor den Augen der entsetzten Gruppe wird der Käfer vom Zug zermalmt, die Frau stirbt. „Gott sei Dank!", ist der in der Gruppe vorherrschende Gedanke, denn dass von den Jungen niemand zu Schaden gekommen ist, war eine Frage von Sekunden!

Touren mit dem Fahrrad sind Ende der fünfziger Jahre noch etwas ganz Besonderes, längst nicht jeder besitzt ein Rad!

Der Besuch des Gottesdienstes steht ebenso auf dem Programm wie das Baden in der Ostsee oder eine Nachtwanderung zu einem Hühnengrab im Wald.

Ein günstig erworbenes, englisches Armeezelt dient den Radelnden als Unterkunft. Der Zeltplatz in Haffkrug ist noch eine einfache Wiese mit Pumpe und Plumpsklo. Dennoch wird das Zeltlager zu einem so großen Erfolg, dass es Jahr für Jahr wiederholt wird. Später geht es auf die Ostseite der Lübecker Bucht zum Priwall, und noch weit über ein halbes Jahrhundert später fahren junge Menschen der Kirchengemeinde ins Zeltlager – dann aber nicht mehr nur für die Pfingsttage, sondern länger, nach Wittfeitzen im Wendland.

Aufgrund des großen Erfolgs bietet Wilhelm auch Fahrten ins Weserbergland an. Auf der ersten Tour übernachtet die Gruppe in der Scheune von Förster Wels, den Wilhelm über familiär-freundschaftliche Bindungen kennt. Dann aber wird immer in Jugendherbergen genächtigt. Der Gottesdienstbesuch in St. Kiliani in Höxter ist selbstverständlich, auch die Besichtigung des Klosters Corvey. Wilhelms Liebe zu Regeln macht auch diese Fahrten, die dann jährlich stattfinden, zu einem großen Erfolg. Gefahren wird mit vernünftigem Abstand hintereinander. In den Pausen wird nicht getobt, die Pausen werden zum Ausruhen genutzt. Um das sicherzustellen, liest Wilhelm in den Ruhepausen Krimis vor – so kommt gar keiner auf die Idee, sich vom Ruheplatz zu entfernen. Geschlafen wird in Jugendherbergen in Gruppenräumen. Wilhelm selbst schläft auch dort und achtet streng auf die Einhaltung der Nachtruhe – nach zehn Uhr dürfen nur noch Schlafgeräusche zu hören sein. Die Zimmer werden derart sauber und ordentlich hinterlassen, dass die Reinigungskräfte einmal meinen, sie seien gar nicht benutzt worden. Und so haben die Gruppen von Wilhelm überall einen guten Ruf und sind gern gesehen, besonders in Hameln.

Durch die strengen Regeln kommen die Jugendlichen trotz der körperlichen Anstrengung – pro Tag sind mit Gepäck 100 km und mehr zu bewältigen! - erholt nach Hause. Jede Reise ist mit besonderen Eindrücken erfüllt.

Rasante Abfahrten vom Solling mit 75 Sachen sind natürlich sehr gefährlich, ein Sturz, ausgelöst z.B. durch ein über die Straße huschendes Eichhörnchen, hätte unabsehbare Folgen. Aber die damit verbundenen Erlebnisse haben sich tief eingeprägt: die Bremsen, damals hatten die Räder natürlich Rücktrittbremsen, sind bei so starker Belastung heiß gelaufen, schwarzer Sott lief aus den Fahrradnaben, eine Fahrradwerkstatt musste aufgesucht werden. Die Gefahr ist bei allen längst vergessen, die Begeisterung über die waghalsige Fahrt aber haben die Konfirmanden, inzwischen alles ältere, teils 70jährige Herren, noch heute lebhaft in Erinnerung.

Wilhelm ermutigt seine Schützlinge zum eigenständigen und kritischen Denken-, auch im Umgang mit biblischen Texten-, und löst damit auch kritisches Denken sich selbst gegenüber aus, was ihn sehr erfreut.

Wilhelm gründet auch Jungschargruppen, die sich beispielsweise zu lebhaften Diskussionen regelmäßig treffen. Nach der Konfirmation gehen die Jungscharmitglieder in die Evangelische Jugend über.

Die Diskussionsrunden begeistern die jungen Menschen nachhaltig. Viele kritische Gedankengänge, die hier angesprochen werden, sollen sich später in den Lebensläufen einiger Teilnehmer niederschlagen. Bei Ehemaligentreffen wird Wilhelm bis auf den heutigen Tag gelobt, weil manch ein Lebensweg hierdurch eine positive Wendung genommen hat.

Obwohl die Diskussion um „neue Medien" und „Verflachung der Kultur" noch in weiter Zukunft liegt, spürt Wilhelm bereits, dass das Angebot im Fernsehen oft niveaulos und ohne Belang ist. Als Kontrapunkt gründet er die „Stunde des guten Films". Hier werden ausgesuchte, niveauvolle und anspruchsvolle Filme gezeigt und besprochen. Die Veranstaltung findet regen Zulauf. Anfangs werden die Filme wegen Platzmangels noch in der Kirche gezeigt. Um das störende Surren des Filmapparates möglichst nicht zu hören, baut Wilhelm vorsichtig eines der kleinen Fenster aus den Türen zwischen Vorraum und Kirchenschiff aus – so entsteht eine wunderbare Lücke für die Projektion. Später werden die Filme dann im Gemeinderaum gezeigt.

Aber nicht nur ernste Themen bestimmen den Arbeitsalltag. Wilhelm organisiert auch Tanzabende.

Langenhorn wächst und mit ihr die Gemeinde und die Anforderungen bzw. Erwartungen an die Kirche. Die Altentagesstätte wird gegründet. Ein Mahlzeitendienst, wie er heute von professionellen Anbietern betrieben wird, wird organisiert, so dass Gebrechliche ihr Essen nach Hause geliefert bekommen. Damit geht natürlich auch ein erheblich größerer Verwaltungsaufwand einher, und so wachsen auch die Vielfältigkeit der Aufgaben und die Arbeitsbelastung.

Wilhelm hat seinen Beruf als Diakon trotzdem immer mit Freuden und von Herzen ausgeübt.

Bei einem Besuch der alten Kirche in Benz auf Usedom stellt Wilhelm zu seiner Überraschung fest, dass zwar die untere Fensterreihe erneuert und modernisiert worden ist, die obere aber noch immer das von ihm so viele Jahrzehnte zuvor erstellte „Provisorium" ziert.

Nach der Öffnung des eisernen Vorhangs reist Wilhelm auch nach Swinemünde. Vieles hat sich verändert.

Schon zuvor ist Wilhelm mit seiner Mutter hin und wieder nach Neubrandenburg gereist und hat von dort aus Usedom besucht.

Beim Bummeln entlang der Stände, wo Polen versuchen, verschiedene Andenken und Kleinigkeiten in geradebrechtem Deutsch an die Touristen zu bringen, wird Wilhelm erneut bewusst, dass seine alte Heimat jetzt die neue Heimat dieser jungen, polnischen Generation ist, die an der Vergangenheit überhaupt keine Schuld trägt. Im Gegenteil, den Eltern dieser Generation ist ebensoviel Unrecht widerfahren, wie Wilhelm und seiner Familie. Er lässt sich von Freunden die wichtigsten polnischen Floskeln beibringen, um den nun hier Heimischen in deren Muttersprache „Guten Tag", „Danke" oder „Bitte" sagen zu können. So beginnt viele Jahrzehnte nach dem Krieg das Versöhnen mit dem Geschehenen. Heute sagt Wilhelm: „Es tut nicht mehr so weh, wie früher, es piekst nur noch."

Der junge Bruder Peter hat sogar Swinemünde und Wollin besucht. Nach dem Krieg hat er sich – Mutter und Großmutter waren Schwedinnen – in Schweden angesiedelt und die schwedische Staatsbürgerschaft angenommen. In einer Zeit, als er sich noch nicht als Deutscher zu erkennen geben darf, besucht er die Stätten der Kindheit. Wilhelm berichtet er, das großelterliche Haus an der Werft sei noch unversehrt, aber eben von Polen bewohnt. Die Räumlichkeiten zu betreten, wagt Peter nicht, zu groß ist die Gefahr, sich durch Rührung oder eine im Überschwang der Gefühle geäußerte Bemerkung als Deutscher zu verraten.

Als Wilhelm selber nach Wollin reisen kann, steht das Haus immer noch. Aber die Werft hat sich sehr verändert. Dort, wo früher Schiffe repariert wurden, ist jetzt ein moderner, schicker Yachthafen entstanden.

Im Mai 1993 geht Wilhelm in Pension. Durch einen glücklichen Umstand – die Residenzpflicht ist mittlerweile aufgehoben worden - kann Wilhelm seine ehemalige Dienstwohnung mieten und so auch nach dem offiziellen Ende seiner Tätigkeit der Gemeinde durch vielfältige ehrenamtliche Tätigkeit verbunden bleiben.

Gefangen – Gelitten – Glück gehabt: Ein Nachkriegsschicksal in Ostdeutschland

Aufgezeichnet im Frühjahr 2014 von Renate Blobel

Seit 22 Jahren kenne ich meinen Nachbarn von gegenüber. Erst im Laufe der Jahre habe ich von Herrn B.'s Schicksal in der damaligen Sowjetischen Besatzungszone erfahren, aber das auch nur über Dritte, in Andeutungen, Vermutungen, mit Begriffen, die ich nicht einordnen konnte. So traute ich mich denn erst jetzt, abgesichert sozusagen durch ein zielgerichtetes Projekt, Herrn B. zu bitten, mir seine Lebensgeschichte zu erzählen. Ich traf ihn, wie so oft, an seinem Briefkasten stehend, und plötzlich war alles ganz leicht: meine Bitte, ihn interviewen zu dürfen, seine positive Antwort und das erste Treffen in seinem Haus. Zunächst kreiste unser Gespräch um die Kriegs- und Nachkriegszeit, wir erzählten einander unsere Erlebnisse und Erinnerungen. So entstand eine Atmosphäre, die es erlaubte, direkte, sehr persönliche Fragen zu stellen, und sie wurden mir freundlich und geduldig beantwortet.

1928 wurde Herr B. in der Lessingstadt Kamenz (Sachsen) geboren, einer Stadt ca. 40 Kilometer von Dresden entfernt. Drei Schwestern kamen später dazu, zwei leben heute noch. Mit ca. elf Jahren wurde er Mitglied in der Hitler-Jugend, was damals „so üblich" war. Dort gab es Spiele und Abenteuer, das Gefühl von Kameradschaft und Zusammenhalt. 1944 erlaubten die Eltern auf seine Bitte hin auch den nächsten Schritt: Er durfte eine "vormilitärische Ausbildung" beginnen in einer Jugendgruppe, die später - aus Nachkriegssicht - den "Werwölfen" zugerechnet wurde. Dort erst recht lockten das Abenteuer, die Mutproben. Eine solche

Mutprobe bestand zum Beispiel darin, sich nachts durch den Wald an Bahngleise heranzuschleichen, um dort ein Paket mit Zündstoff zu installieren. Auch wenn dieses nur installiert, nicht gezündet wurde, waren es doch genau diese Aktionen, die nach dem Kriege die sowjetische Besatzungsmacht dazu veranlasste, die Gruppe der ehemaligen Werwölfe zu verfolgen. Und so geschah es auch dem jungen B. Als er eines Tages nach der Schule nach Hause kam, zeigte ihm seine Mutter eine schriftliche Aufforderung, sich bei der örtlichen Kriminalpolizei zu melden. Ohne Angst, da er guten Gewissens war, („Ich hatte nichts getan.") erschien er dort, wurde in ein Zimmer verbracht, wo man ihn allein ließ, und immer noch ahnte er nichts Böses. Von diesem Tag und dieser Stunde an hat er seine Mutter nie wieder gesehen, seinen Vater erst fünf Jahre später, an diesem Tag im Jahr 1945 wurde der Siebzehnjährige in das ehemalige KZ Mühlberg/Elbe „verschleppt", so der damalige umgangssprachliche Terminus. Der Grund für diese Verschleppungen – es gab viele tausende – war folgender: die sowjetischen Besatzer wussten von den partisanenartigen Aktionen der Werwölfe – waren ihnen solche doch vertraut aus eigenem Tun – und sie fürchteten deshalb um die Sicherheit in den von ihnen besetzten deutschen Gebieten. Die Namen derer, die bei den Werwölfen gewesen waren, erfuhren die sowjetischen Besatzer übrigens von den ehemaligen HJ-Führern, die die jungen Männer „verpetzten", um sich selber „reinzuwaschen" (so Herrn B.'s Worte), als Gegenleistung blieben sie frei. Aus dem Namen „KZ" wurde „Lager" Mühlberg. Und so schilderte mir Herr B. seine Zeit dort:

Die äußeren Bedingungen waren schrecklich. In engen Baracken befanden sich ca. 70 Pritschen, je 50 Zentimeter breit. Der qualvollen Enge entsprachen primitivste

Formen der Kleidung, des Essens, des Sanitären. Es brachen Krankheiten aus, die vor allem die Haut und die Lungen betrafen, Tausende starben an der Tuberkulose. Die Mitgefangenen mussten Totengräberdienste leisten – auch der junge B. Die seelischen Grausamkeiten, bewusst eingesetzt, waren nicht minder vernichtend: Es gab keinen Stift, kein Papier, kein Buch. Der junge B. schreibt mit dem Finger in den Sand, ein Wort, einen Gedanken, einen Wunsch vielleicht... Es gab keinerlei Kontakt zu den Eltern, sie wussten fünf Jahre lang nicht, wo ihr Sohn sich befand. Es gab keinerlei Arbeit zu tun, die den Tag strukturiert, die Zeit vergehen lassen hätte – eine weitere seelische Grausamkeit, eingesetzt als Demütigung und Qual. So schleppten sich die Tage dahin, in einer Art Dämmerzustand und in Hoffnungslosigkeit. Dennoch hatte B. großes Glück, dass er selbst physisch nicht von den lagerüblichen Erkrankungen betroffen war. Noch etwas anderes half zumindest denjenigen, die nicht schwer erkrankten, zu überleben: In den Lagern wurden Männer und auch Frauen festgehalten, die aus allen Altersstufen, aus allen Berufen stammten. Juristen und Ärzte waren darunter. Es gab Gespräche, Gedankenaustausch, Erfahrungsberichte aus der Zeit vor der Inhaftierung. So wurde die menschliche Sprache zum Lebensmittel im wörtlichen Sinne.

Nach mehreren Umzügen in andere ehemalige KZs wird Herr B. schließlich nach Buchenwald verbracht, von wo aus er dann 1950 entlassen wird, plötzlich, unerwartet, als einer von 300 wahllos Entlassenen. Am Ende seiner Gefangenschaft wog der 22-jährige ganze 40 Kilogramm. Auch das war im Nachhinein gesehen ein kleines Glück, denn wer kräftig war, wurde nach Russland in die Bergwerke geschickt.

Bei unserem dritten Gespräch beschrieb mir Herr B., wie es ihm in dem Moment der Entlassung ergangen war. Auf meine Frage, was er empfunden habe, ob Freude, Erleichterung, oder Angst vor dem Ungewissen, war seine Antwort: „Ich habe gar nichts empfunden. Ich war 22 Jahre alt, wusste nichts, fühlte nichts, hatte nichts gelernt, hatte keine Perspektive." Zuhause in Kamenz angekommen, betritt er die elterliche Wohnung, und erfährt, dass seine Mutter gestorben war und dass sein Vater wieder geheiratet hatte. Im Wohnzimmer stand das Kinderbett mit dem Neugeborenen.

Trotz allem nimmt ab jetzt das Leben des Herrn B. in kleinen Schritten, zum Teil durch Zufälle, die sich erst im Nachhinein als Glücksfälle zeigen, doch noch eine positive Wendung. Ein Augenoptiker in Kamenz verliert durch nicht näher bekannte Umstände seinen Lehrling, er sucht also einen neuen und findet Herrn B. Dieser hat nicht die geringste Ahnung von Augenoptik und auch nicht die geringste Neigung dazu – dennoch, er beginnt die Lehre und bleibt zwei Jahre. Danach flieht er über Berlin aus der DDR – das war Anfang der 1950er Jahre noch relativ leicht möglich –, findet in Stuttgart eine Anstellung bei einem Augenoptiker und beendet dort seine Lehre. Die Bundesregierung half damals jungen DDR-Flüchtlingen recht gut mit Möglichkeiten der Fortbildung. Herr B. bekam in Berlin einen Studienplatz und ein Stipendium für Augenoptik. Für ein einfaches Leben in der Kantstraße – zu dritt in einem Zimmer – reichten die Mittel. Ende der Fünfzigerjahre bekommt Herr B. das Angebot aus Norderstedt, ein Brillenfachgeschäft mit mehreren Angestellten zu leiten. Die positive Wendung vollzieht sich ab jetzt in größeren Schritten: Er nimmt das Angebot an, verlegt das Geschäft später in das neu gebaute Herold-Center und verkauft es am Ende seines Berufslebens an eine große Optikerkette.

Zu etwa drei Mitinhaftierten aus dem Lager Mühlberg/Elbe hat Herr B. heute noch Kontakt, sie alle stammen aus Kamenz, sie alle sind Teil seiner Geschichte, die ich nun erfahren habe. Sie hinterlässt bei mir ein großes Staunen darüber, was ein Mensch ertragen kann.

Herr B. führt mit seiner Frau ein ruhiges, gutes Leben. Nie wird er es vergessen, dass ca. 6700 Mithäftlinge allein während seiner Haft von Herbst 1945 bis Herbst 1948 (Auflösung des Lagers Mühlberg) gestorben sind. Sie wurden am Rande des Lagers flüchtig unter der Erde verscharrt. Kein Angehöriger erfuhr davon etwas. Erst seit der Zeit nach dem Fall der Mauer zeugen Gräberfelder und Gedenkstätten von den vielen Toten.

Kolumbien und Porzellan

Aufgezeichnet von Susanne Rohde 2014

L ore wurde 1926 in ein im 19. Jahrhundert gebautes altes Haus in der Bremerhavener Innenstadt hineingeboren, in dem Vater und Mutter, aber auch schon die Großeltern lebten. Der Vater führte mit seiner zweiten Frau ein Bandagengeschäft, die Geschäftsräume befanden sich im Parterre, auf der ersten Etage lebten die Familie und die Großmutter väterlicherseits. Der Vater, ein sehr liebevoller und belesener Mann, konnte auf nahezu alle Fragen der kleinen Lore und ihres älteren Halbbruders Antwort geben, die Schularbeitenhilfe lebte also quasi mit im Hause. Der Vater war es wohl auch, der maßgeblichen Einfluss darauf nahm, dass beiden Kindern für die damalige Zeit eine sehr gute schulische Ausbildung zuteil wurde. Die Mutter war eine tatkräftige und umsichtige Frau, die dann in den Nachkriegsjahren ihre Familie vor dem Hungern bewahrte.

Das Haus in der Bremerhavener Innenstadt verfügte weder über ein Bad noch eine Etagentoilette, sondern, wie zur Bauzeit üblich, über eine Toilettenanlage auf dem Balkon. Das Kellergewölbe schien der Familie nicht eigentlich tragfähig, und in der Bombennacht 1944 bewahrheitete sich die Befürchtung, die Wände der angrenzenden großen Wohnhäuser stürzten auf das kleine Mittelhaus und begruben alles unter sich. Zum Glück befand sich niemand im Keller, sondern alle Familienmitglieder suchten Schutz in anderen Häusern der Innenstadt.

Lore war ein eher stilles Kind, das die lauten Geselligkeiten mit Klassenkameraden nicht liebte. Sie suchte sich gern mit einem Buch ein stilles Plätzchen, hier gab es nie ein Zuviel. Sogar beim morgendlichen Zopfflechten gab es keinen Leerlauf, es musste ein Buch her. Lesen konnte Lore schon, als sie in die Schule kam. Das hatte sie sich vorher beigebracht.

Im Hause gab es wunderschönes Spielzeug, so einen großen Kaufmannsladen mit vielen Auszügen und einen Puppenherd mit einem richtigen Spiritus-brenner und natürlich auch vielteiliges Puppengeschirr. Hier, mit ihren Spielsachen und in dem geräumigen Haus mit Vater und Mutter, fühlte sich Lore aufgehoben und geborgen.

Häufig ging es nach Bielefeld zur Patentante und dem Cousin, die in einem Villenviertel wohnten, wo täglich im Park Ballspiele stattfanden. Die Zeit dort war immer etwas Besonderes. Eines Tages entdeckte Lore voll Freude in einer Abseite eine größere Menge Bücher. Leider waren sie schon sehr alt und hatten damit keine moderne Rechtschreibung, aber das störte Lore wenig.

Lores Verhältnis zum Halbbruder war unproblematisch, aber nicht besonders herzlich, der Altersunterschied von 7 Jahren bedeutete automatisch, dass hier eigentlich zwei Einzelkinder aufwuchsen mit anderen Bedürfnissen und Interessen. Ein helles Köpfchen aber wird er gehabt haben, man erzählte sich, dass er beim Bremerhavener Freimarkt Kaspertheater spielte und seine Veranstaltung mit den Worten bewarb, „Eintritt frei – Kinder die Hälfte".

Lores Kindheit und Jugend fiel in die Zeit des Nationalsozialismus. Der Vater trat sehr früh in die NSDAP ein, gab das Parteibuch aber bald wieder zurück, was zu dieser Zeit noch möglich war.

Einschneidend war in Bremerhaven die Reichskristallnacht. Die Innenstadt zeigte viele Zerstörungen und zerschlagene Geschäfte, deren Geschäftsinhaber in der Folgezeit verschwanden. Dem Vater waren einige wohlbekannt und es waren nicht nur jüdische Einwohner, die man nicht mehr sah. Weder Vater noch Mutter wussten angeblich etwas über deren Verbleib.

Lores freie Schulnachmittage wurden bald gekürzt durch den ab 1936 verpflichtenden Beitritt zum Jungmädelbund (JM) bzw. mit 14 Jahren zum Bund Deutscher Mädel (BDM). An zwei Nachmittagen in der Woche wurde hier gesungen, es wurden handwerkliche Tätigkeiten gemacht, aber auch Wanderungen und Ausflüge unternommen. Eine direkte politische Einflussnahme verspürte Lore aber nicht. Sie nahm daran teil – wie alle – mit mal mehr und mal weniger Interesse.

Lores Schulausbildung während der Kriegszeit war – wie könnte es anders sein – durch viele unterrichtsfreie Zeiten gekennzeichnet. Das Lyzeum, auf das sie ging, wurde geschlossen, obwohl die Schülerzahl hoch und die Schule geschätzt war. Die Schulleitung jedoch, mit ihren Zielen und Überzeugungen, passte nicht in das Programm der Nationalsozialisten. Da hieß es für Lore, ein vertrautes Umfeld aufzugeben und sich neu zu orientieren. Dann gab es Zeiten, in denen an zwei Tagen nur drei Unterrichtsstunden gegeben wurden. Von 1944 an fand Schulausbildung fast gar nicht statt, denn Lore wurde als BDM-Helferin nach Langen, in die Nähe Bremerhavens, zu einem Einsatz als Erste-Hilfe-Helferin geschickt. Hier hatten HJ-Jungen die Aufgabe, Schützengräben auszuheben. Zu diesem Zeitpunkt war es eine ganz unsinnige Anordnung, denn es zeichnete sich ab, dass der Krieg nicht zu gewinnen war. Lores Aufgabe war es, diesen Kindern bei Verletzungen Verbände anzulegen.

Während dieser Zeit fand eine schwere Bombardierung Bremerhavens statt. In der Bombennacht des 18. Septembers 1944 stürzte das Wohnhaus der Familie samt Keller ein und Feuer, Schutt und Asche begruben alles unter sich. Vater und Mutter retteten nur das eigene Leben.

Das Bandagengeschäft der Eltern war schon geschlossen, denn es wurde immer schwieriger, damit den Lebensunterhalt der Familie zu sichern. Der Vater arbeitete danach beim Reichsluftschutzbund und gab unterschiedliche Kurse, so z. B. zur Ersten-Hilfe oder zum Verhalten bei Luftangriffen. Die Mutter half hier auch, jedoch ehrenamtlich.

Ein wenig Unterricht gab es ab Oktober 1944, als eine Reihe von Bremerhavener Schulen nach Sachsen kinderlandverschickt wurden. Hier erwartete man weniger Bombardierungen und Lores ganze Schulklasse wurde mit ihrer Lehrerin in der Nähe Bautzens in einer Gaststätte einquartiert. Der Klassenlehrerin fehlte jeder praktische Sinn für einen längeren Landaufenthalt mit einer größeren Jugendgruppe, und ohne tatkräftige Hilfe einer begleitenden Freundin hätte hier wohl das komplette Chaos geherrscht. Diese zwar körperlich gebrechliche Frau wusste nicht nur alle zu bekochen, sondern sie entwickelte großes Geschick, auch die Lebensmittel heranzuschaffen. Der Gastraum war dann Schlafsaal, Unterrichtsraum und Speisezimmer. Lore bewunderte diese zupackende Frau.

Allen mitgereisten Mädchen waren Paten zugeordnet. Um Lore kümmerte sich eine warmherzige Bäckerfamilie, wofür sie sehr dankbar war. Die Familie hatte zwar wenig Zeit für sie, da der eigene Betrieb laufen musste, man half ihr aber, wo man konnte. So wurde z. B. ihre Wäsche im Betrieb mitgewaschen. Als sie Besuch von ihrer Mutter bekam, besorgte die Bäckersfrau eine große Menge Baumwollgarn, aus dem die Mutter Unterwäsche strickte, denn der Bremerhavener Hausstand war verbrannt und es gab dort nichts zu kaufen. Den Weg nach Sachsen nutzte die Mutter auch, um dort Notwendiges zu besorgen, das es hier noch gab.

Die Eltern waren in Wulsdorf in der Nähe Bremerhavens bei der Großmutter mütterlicherseits untergeschlüpft. Dort hatten die Eltern ein beengtes Schlafzimmer und Lore eine kleine Kammer – ein großes Glück. Man wohnte dort bis lange nach Kriegsende.

Nach einigen Monaten wurde der Standort von Lores Kinderlandverschickung ins Vogtland verlegt. In welcher Gefahr man sich schon befand, zeigt, dass auf dem Transport dorthin das gesamte Gepäck der Jugendlichen durch einen Angriff verbrannte. Anfang April 1945 wurde das Lager aufgelöst. Dazu wurden kleine Gruppen gebildet von je einem großen Mädchen und einigen kleineren, sie sollten sich allein nach Bremerhaven durchschlagen. Dieser Weg zurück war der Vorbote des verlorenen Krieges, die Züge waren überfüllt mit verwundeten Soldaten, fuhren unregelmäßig, es dauerte Tage, bis man in Bremerhaven ankam.

In der Nachkriegszeit übernahm die Mutter einen ganz wichtigen Teil in der Versorgung der Familie. So ging sie auf ein Gut, um bei der Kartoffelernte zu helfen. Die Kinder, die von diesem Hof stammten, waren bei der Großmutter vor dem Krieg in Pension, um das Gymnasium in Bremerhaven besuchen zu können. Für die Kartoffelzuteilung brachte es Lores Mutter aber keinen Vorteil, hier wurde genauestens abgerechnet.

Milch erhielt die Familie reichlich. Für ein gegenüberliegendes Milchgeschäft brachte die Mutter mit einem Bollerwagen frühmorgens die leeren Milchkannen zur Molkerei und holte die vollen Kannen für das Tagesgeschäft ab. Dafür bekam sie täglich eine größere Menge Milch, die für die Familie reichte. So gab es im Hause Milchspeisen in jeder Form.

Lore konnte ihrer Mutter bei der Versorgung nur wenig helfen, sie war überaus dünn, sie und der Vater bekamen Zusatzmarken zur Verpflegung, was ja nur wenigen gewährt wurde. Die Schulspeisung, die jeder Schüler einmal täglich bekam, sah Lore als eine segensreiche Einrichtung der Amerikaner. Hier gab man ihr eine Kelle Suppe extra. Zu dieser Zeit gehörte auch das tägliche Anstehen nach Maisbrot, das ihr Körper nicht gut vertrug, aber lebensnotwendig war.

Mit der Solidarität war es in dieser Zeit in der Familie nicht immer zum Besten bestellt. Es gab Carepakete von ausgewanderten Familienmitgliedern aus Amerika, diese wurden aber nur zwischen Großmutter und Großtante aufgeteilt, das schmerzte schon sehr.

Die winterliche Kälte machte allen sehr zu schaffen. Mit Brennmaterial wurde überaus sparsam umgegangen. War das eigentliche Kochen in dem eisernen Küchenherd beendet, so wurde die Kohlenglut vorsichtig zu dem Stubenofen gebracht, um hier auch ein wenig Wärme zu erzeugen. Und natürlich beteiligte sich Lore auch beim Kohlenklau, an den Geleisen zum Bremerhavener Fischereihafen gab es Beute. Lores Mutter liebte diese Streifzüge nicht, aus Sorge, die Tochter würde „erwischt" und dann vom Lyzeum ausgeschlossen.

Lores besondere Begabung waren die Sprachen. Deutsch, Englisch und Französisch, hier lagen ihrer Schwerpunkte. Im späteren Berufsleben kam noch Spanisch hinzu. Nach der täglichen Büroarbeit war sie nie zu erschöpft, in Hamburg noch abends die Berlitz-School zu besuchen. Das schulische Problemfach aber war stets die Mathematik. In der Vorbereitung zum Abitur hatte sie Glück. Sie übte gerade mit einer Klassenkameradin für die mündliche Matheprüfung, als plötzlich ihr Lehrer in den Raum trat. Als er ging, sagte er ihr, die Aufgabe, die sie gerade an der Tafel bearbeitet hatte, solle sie sich doch genau ansehen. Und tatsächlich wurde sie in der mündlichen Abitur-Prüfung hiermit abgefragt. Es war geschafft.

Der berufliche Einstieg Ende der 40er Jahre war schwierig. Große finanzielle Unterstützung seitens der Eltern war nicht zu erwarten. So schaute sich Lore erst einmal nach einer Praktikumsstelle um. Die fand sie für ein Jahr in einem kirchlichen Kindergarten.

In dieser Zeit sah sich Lore beruflich um, gerne wäre sie Lehrerin geworden, aber die Plätze waren knapp – das konnte nicht gelingen. Eine Möglichkeit zeigte die Patentante auf, die ihr anbot, nach Bielefeld zu kommen, um für ein halbes Jahr eine private Handelsschule zu besuchen. Dann würde sich bestimmt eine gute Stellung finden lassen. Diese Versprechungen schienen ihr tragfähig. Das Neue, das Lore in der Schule lernte, waren insbesondere Stenografie und Schreibmaschine. Sie war gut in den Haushalt der Tante integriert, sie fühlte sich wohl. Eine gute Stellung aber ließ auf sich warten. Die Familie war in Bielefeld gut vernetzt, man war befreundet mit mehreren Unternehmern, aber es zeigte sich schnell, dass Lore allein für sich sorgen musste. Der Bruder machte sie auf Hamburg aufmerksam, eine Stadt, die für den Wiederaufbau Arbeitskräfte suchte. In Hamburg–Winterhude bekam sie eine Stellung als Schreibkraft in einer Catgutfirma, die geteilte und geschliffene Schafsdärme für medizinische Zwecke, für Operationen, herstellte. Eine Unterkunft fand sie in einem möblierten Zimmer in der Fritz-Schumacher-Siedlung. Das Zimmer war klein, aber die Vermieter waren nett und der Weg zur U-Bahn kurz. Außerdem war Langenhorn ein grüner Stadtteil. Das Wohnen auch in kleinen möblierten Zimmern war lange, bis weit in die 60er Jahre hinein, üblich. Es war auch eigentlich nur ein Schlafplatz, denn am Wochenende war Lore in Bremerhaven und nach der Arbeit in Hamburg wurden Sprachkurse besucht. Ihr machte es richtig Freude, nur leider sprangen immer wieder Teilnehmer ab, die bei dem Unterrichtstempo nicht Schritt halten konnten, so dass Kurse ständig zusammengelegt werden mussten.

1955 bewarb sich Lore bei der Hapag, einem Logistikunternehmen, das mit seinen Schiffen Frachtverkehr in die ganze Welt organisierte. Sie wurde sofort eingestellt und es zeigte sich, dass ihre Sprachkompetenz und ihre Wissbegierde ihr schnell weiterhalfen und sie interessante Aufgaben bekam. Sie gab sich nicht mit dem Schreiben von Geschäftsbriefen zufrieden, sondern sie hinterfragte, was sie las und verstand bald alle Geschäftsabläufe. Obwohl sie keine Ausbildung als Reedereikauffrau hatte, übernahm sie nach einiger Zeit diese Aufgaben. Ihre berufliche Tätigkeit machte ihr viel Freude. Bei Hapag-Lloyd blieb sie bis zu ihrem Renteneintritt 1986.

1961 war ein ganz wichtiges Jahr. In Langenhorn wurde gebaut und Lore bewarb sich dort um eine eigene Wohnung. Der Zeitpunkt war günstig, denn sie hatte die erste Zeit ihrer Berufstätigkeit tüchtig gespart, um auch eine Wohnung gut möblieren zu können. In die fertige Wohnung wollte Lore die Mutter aus Bremerhaven holen. Der Vater war verstorben, er hatte aber das Geld aus dem Lastenausgleich, das er für die Zerstörung des Bremerhavener Hauses bekam, in eine kleine Rente umgewandelt, somit war seine Frau ein klein wenig abgesichert. Eine weitere Versorgung gab es nicht, es gab keine Anwartschaften auf Lebensversicherungen oder Renten. In dieser Zeit kam auch die Anfrage des Chefs, ob Lore an einem zeitgebundenen Aufenthalt in einer Auslandsniederlassung der Hapag interessiert sei. Schweren Herzens lehnte sie ab, der Ortswechsel der Mutter war noch nicht vollzogen, es war also ein ungünstiger Zeitpunkt, Hamburg zu verlassen. Stattdessen machte sie erst einmal den Führerschein und erwarb einen gebrauchten VW. Der eröffnete eine neue Lebensperspektive.

1963 wurde von der Firma noch einmal wegen eines Auslandsaufenthaltes in Kolumbien nachgefragt. Das war eine unerwartete, freudige Überraschung, denn eigentlich – so wusste Lore – wird man nur einmal gefragt. Sie sagte für ein halbes Jahr zu und stand damit sowohl bei ihrer Mutter als auch bei ihrem Chef im Wort. Er sagte noch: „Ich lasse sie nur ungern gehen."

Lore freute sich, jetzt würde sie endlich Spanisch sprechen können. Sie sah mit großer Vorfreude dieser

Zeit entgegen. Die Überfahrt begann in Antwerpen auf einem Frachter, es wurden höchstens 6 Passagiere mitgenommen. Im Ärmelkanal war starker Seegang, man sah entweder nur den Himmel oder nur das Wasser, dennoch hatte sie keine Angst und wurde auch von der Seekrankheit nicht geplagt. Als man im Atlantik war, besserte sich das Wetter. Lore half dem Zahlmeister beim Abfertigen von Briefen, er war begeistert, hatte er doch jemanden, der ihm diese lästige Arbeit abnahm. Cartagena war der kolumbianische Ankunftshafen, von hier ging es in die Hauptstadt Bogota mit dem Flugzeug. Welch ein Erlebnis!

Bogota liegt auf einer Höhe von 2600 Metern und hat viel kühles und nasses Wetter. So richtig warm wurde es nur um die Weihnachtszeit – mit Temperaturen um 25 Grad. In der übrigen Zeit des Jahres war in Bogota mindestens mit einem Nachmittagsguss zu rechnen, man trug feste Kleidung, Jacken und Kostüme. Die Durchschnittstemperatur lag bei 17 Grad.

Lore wohnte in einer Pension, zu der man ihr von der Firma aus riet, hier logierten über längere Zeiträume Europäer. Die Pension hatte ein fast familiäres Klima, der Schwiegersohn der Wirtin war Deutscher und in Bremerhaven mit Lores Vater bekannt gewesen. Lore hatte guten Kontakt zu amerikanischen Offizieren, die auch in der Pension wohnten und die schon bald wussten, dass sie gut Spanisch sprach – ein Gewinn für jede Einkaufstour auf kolumbianischen Märkten. Lore lernte hier auch ihren späteren Mann kennen, er leitete eine deutsche Niederlassung, die auf dem amerikanischen Kontinent in Deutschland erzeugte Pharmaka vertrieb.
Die Zeit in Kolumbien hielt insbesondere für die freien Tage besondere Eindrücke bereit. Man fuhr mit dem

Wagen und Picknickutensilien in die wärmere und tiefer gelegene Landschaft und Lore bekam auch einen Einblick in den Alltag der Einwohner mit ihren kleinen landwirtschaftlichen Betrieben, natürlich waren diese Arbeitshöfe sehr einfach.

Das Treiben auf den Märkten mit dem Angebot an Silber~, Kupfer- und Messingwaren war für Europäer ungewohnt und aufregend.

Lores Alltag in der Hapag-Lloyd-Niederlassung allerdings unterschied sich nur wenig von ihrer Tätigkeit in Hamburg, sie absolvierte diszipliniert die tägliche Geschäftsroutine.

Lore, nach dem wesentlichen Gewinn aus dieser Zeit befragt, antwortete, dass es drei Dinge waren, die sie lernte. Es war zunächst die Freude, Spanisch zu sprechen, dazu kam die Erfahrung, in einem unbekannten Land allein zurechtzukommen und drittens nahm sie die Eindrücke eines unbekannten Kulturkreises mit nach Europa.

Nach einem Jahr Kolumbien kehrte Lore nach Hamburg zurück. Sie hielt 15 Jahre Briefkontakt zu ihrem späteren Mann. Nachdem seine Firma von einer größeren Pharmafirma aufgekauft wurde, kehrte er 1979 nach Deutschland zurück.

Der Firma Hapag-Lloyd hielt Lore 31 Jahre die Treue, zumal das Aufgabengebiet immer interessanter wurde.

Lore pflegt bis heute ein schönes Hobby, für das sie auch in der Kirchengemeinde bei den Basaren viele Bewunderer findet. Sie beschäftigt sich nahezu professionell mit Porzellanmalerei. Sie bemalt weißes, gebranntes und lasiertes Porzellan mit ganz entzückenden, meist floralen Motiven. Diese Porzellanmalerei erinnert in Qualität und Genauigkeit an Werkstücke, die aus Meißen kommen. Lore verfügt über zahlreiche Tiegel und Pinsel, die jede Farbnuance in der gewünschten Strichstärke erzeugen. Hierfür ist nicht nur eine ruhige Hand erforderlich, sondern auch viel Erfahrung, die sie schon in ihrer Jugend in Bielefeld sammelte. Viele gute Hinweise brachte sie auch von zahlreichen Malreisen mit, an denen sie über viele Jahre teilnahm.

Seit 10 Jahren lebt sie nach dem Tod ihres Mannes allein in ihrer Langenhorner Wohnung. Dies ist manchmal schwierig, zumal es eine Partnerschaft war, die auf vielen Gemeinsamkeiten und Gleichklang beruhte.

Lasst Euch nicht zum Hass verleiten!

Aufgezeichnet im März 2014 von Karin Hiller

Mein Name ist Emil, seit dem 08.08.1922 lebe ich in Hamburg, meiner Geburtsstadt.

Zum 30. Januar 1941 (Arbeitsvertrag bis zum 31.03.1941) erhielt ich die schriftliche Aufforderung zur Kaufmannsgehilfenprüfung, am gleichen Nachmittag wurde ich mit 5 weiteren Prüflingen mündlich geprüft. Als ich mit der Nachricht „Prüfung bestanden" zu Hause eintraf, eröffnete mir meine Mutter, dass für mich schon vor drei Tagen der Gestellungsbefehl zum Reichsarbeitsdienst in der Post gewesen war.

Mein Vater war Ende November 1930 37-jährig an einer Lungenentzündung verstorben. Er hatte mit einem Steckschuss in Rücken und Lunge aus dem ersten Weltkrieg gelebt. Da entschieden wurde, dass sein Versterben nicht ursächlich mit der Kriegsverletzung zusammenhing, stand meiner Mutter keine Kriegerwitwenrente zu.

Wir stellten einen Antrag bei dem Wehrbezirks-kommando, weil ich der einzige Sohn und Namensträger war und somit als Ernährer der Familie nicht entbehrt werden konnte.

Mindestens sechs Monatsgehälter musste ich erworben haben, damit die Voraussetzung für die finanzielle Versorgung meiner Mutter (geb.1889) gegeben war.

Dem Antrag wurde stattgegeben und so erfolgte im Februar 1941 meine Wiedereinstellung in meiner alten Firma Karstadt, bis ich zum 02.10.1941 meinen Gestellungsbefehl erhielt. In der Lettow-Vorbeck-Kaserne in Wandsbek durchlief ich drei Monate lang diverse militärische Ausbildungsbereiche.

Aufgrund der gesetzlichen Regelung – einziger Sohn und Namensträger – wurde ich zum Herbst 1941 für rückwärtige militärische Dienste eingeteilt. Dieses Gesetz wurde 1943 gestrichen und für mich stand der sofortige Fronteinsatz in der Normandie an. Inzwischen war zu Hause in Hamburg Hamm 1943 die elterliche Wohnung, das Zuhause, abgebrannt. Der einzige verbliebene Besitz war ein Koffer mit Papieren.

Mit unserer Fahrzeugkolonne bewegten wir uns in Richtung Front. Am Tag suchten wir möglichst gut getarnt Deckung in der Natur. Im Schutz der Dämmerung bewegten wir uns nach aktuellem Einsatzbefehl weiter an die Front.

Unter dem Anhänger des Geschützes haben mein Kamerad Friedrich F. aus Eckernförde und ich auf einer und unter einer Wolldecke um 24:00 Uhr unseren Schlafplatz eingerichtet.

Um 4 Uhr wachte ich auf, meine linke Körperhälfte war von oben bis unten mit Granatsplittern übersät und ich war umgeben von einem Flammenmeer. Eine amerikanische Phosphorgranate hatte uns getroffen.

Fluchtartig verließ ich den Schlafplatz und rannte und realisierte, dass ich kein Feuer gefangen hatte. Der erste Kamerad, dem ich begegnete, blutete heftig aus dem linken Bein. Ich war so ausgerüstet, dass ich ihm das Bein zur Blutstillung abbinden konnte, das tat ich. Dann suchte ich weitere Kameraden und fand eine Gruppe von 12 Leuten.

Der Krankentransport war schon bestellt. Ich wurde zum Truppenverbandsplatz gebracht. Dort wurde ich empfangen mit den Worten: „Was ist denn heute los, wieder ein Verbrannter, ist der Ami wahnsinnig?" Ich trug Phosphorverbrennungen zweiten und dritten Grades an beiden Händen und im Gesicht davon sowie

Granatsplitter in der linken Körperhälfte. Mein Kamerad Friedrich F. war tot.

So folgten für mich Lazarettaufenthalte in Belgien, Paris und Kloster Beuron bei Sigmaringen-Tuttlingen.

Dann wurde in Spremberg, Niederlausitz, eine neue Einheit zusammengeführt für den Einsatz zur Winteroffensive in der Eifel und in Luxemburg. Nach ersten erfolgreichen Kampfeinsätzen erfolgte durch viele Kälteeinbrüche der Rückmarsch bis Lasbek im Sauerland.

In einem Waldgrundstück stand die Entscheidung an – Durchkämpfen, Durchschlagen oder Ergeben? Die Gruppe von zehn Soldaten hat sich nach langem Ringen dafür entschieden, sich zu ergeben.

So gingen wir in der Dämmerung mit erhobenen Händen ohne Waffen durch den Ort den Amerikanern entgegen, unter Beobachtung der ansässigen deutschen Bevölkerung.

Wir wurden von amerikanischen Panzern abtransportiert und auf einen Sportplatz gebracht. Dort standen wir zwei Tage in strömendem Regen und warteten auf den Weitertransport in Güterwagen in das Lager Bolbec in Frankreich.

Dort kampierten wir viereinhalb Monate, auf dem Erdboden liegend, sitzend oder stehend. Unterlagen aus Gras, Stroh oder Pappe waren verboten. Sobald das Zelt am Tag verlassen wurde, musste gelaufen werden. Wir waren zweitausend Gefangene!

Mit Knüppeln bewaffnete Österreicher meldeten Gefangene, die nicht liefen, dem amerikanischen Lagerkommandanten. Der prügelte den Gefangenen noch einmal kräftig durch. Dann erhielt der Gefangene ein Schild um den Hals mit der Aufschrift: „Ich habe dem Befehl des Lagerkommandanten nicht Folge geleistet."

Am Rand des Lagers waren zehn etwa drei Meter hohe Steinhaufen. Die Gefangenen wurden mit dem Schild um den Hals für 24 Stunden auf einen Steinhaufen gestellt. Die Gefangenen brachen dort zusammen und fielen herunter.

Zur Verpflegung erhielten je zehn Leute morgens und abends ein kleines Weißbrot und Wasser, mittags nichts. Die Zelte durften nur zur Nacht aufgesucht werden. Am Tag, bei glühender Sonne, gab es nur den Aufenthalt auf einem Acker.

Das Grundgeräusch war: Stille.

Die Stimmung war: Hoffnungslosigkeit. „Hier kommen wir nie wieder raus!"

Walter M. aus Nürnberg war an meiner Seite. Im Zelt und draußen waren wir beieinander. Unsere Gespräche hatten Kunst, Musik, Literatur und Zukunftspläne zum Inhalt.

Von 12:00 Uhr bis 14:00 Uhr lief für zweitausend deutsche Gefangene an zwanzig Waschschüsseln kaltes Wasser. Pro Gefangenem gab es demnach täglich 72 Sekunden bzw. 1,2 Minuten lang Wasser zur Körperpflege.

Ein Arbeitskommando fand auf dem Sportplatz im Ort statt. Aufgabe war unter anderem Grasrupfen mit beiden Händen, auf den Knien, ohne sich auf die Hacken setzen zu dürfen. Das fand unter Aufsicht nach einem bestimmten System statt.

Schwarze Amerikaner teilten mit uns Zigaretten. Eine Zigarette in vier Stücke zerlegt reichte nicht zum Rauchen, aber für Rauchzeichen. Unsere farbigen

Bewacher gaben uns zu verstehen: „Ihr seid nur für eine kurze Zeit in Gefangenschaft, wir sind es ein ganzes Leben lang!"

Unter uns Gefangenen kursierte der Spruch: „In einer Woche werden wir entlassen – aber in welcher ??"

Meine Großmutter Margarete lebte mit der Hoffnung: „Wenn der Junge wiederkommt, dann kann ich gehen." Sie verstarb 1951, wir hatten noch 3 gemeinsame Jahre.

Von 1945-1948 arbeitete ich nach der Übergabe an die Franzosen täglich 720 und 800 Meter tief unter Tage im Bergbau. Unser Lager wurde von Marokkanern bewacht. Das Lager wurde am 02.10.1948 aufgelöst und ich kehrte als Spätheimkehrer 26-jährig zu meiner Familie zurück.

Intention:

In meinem 92sten Lebensjahr im März 2014 habe ich diese Zeilen schreiben lassen, in Anwesenheit meiner lieben Frau Ute, weil ich den Lesern sowie meinen Kindeskindern einen Einblick in eine Zeit geben möchte, die ich durchlebt habe. Mein Wunsch für Euch ist, dass sich so etwas nie wieder ereignet, und wenn Euch Unrecht widerfährt, lasst Euch nicht zum Hass verleiten!!

Und zum Schluss möchte ich meinem Schutzengel, der zeitlebens an meiner Seite stand, danken.

Dortmund – Berlin – Frankfurt/Oder – Graz – Flensburg – Hittfeld – Hamburg

Stationen in Glück und Leid

Aufgezeichnet im April/November 20114 von Wolfgang Trautmann

Geboren bin ich 1927 in Dortmund. Jetzt wohne ich in Hamburg-Langenhorn-Nord.

Beginnen möchte ich mit einem kurzen Rückblick auf das Leben meiner Eltern, da deren Geschicke und Erziehung mich, glaube ich, geprägt haben.

Mein Vater, geb. 1881, stammte aus Bad Nenndorf. Er war das mittlere von 7 Kindern, darunter 5 Jungen. Nach dem Wunsch seiner Eltern sollte er Pastor werden. Als einmal kaiserliche Truppen bei einem Manöver im Hause der Eltern einquartiert waren, beeindruckte ihn das Militär so stark, dass er sich entschloss, im Regiment des Kaisers zu dienen. Er blieb dann Berufssoldat. Ich bin also in einem preußischen Haus groß geworden. Mein Vater war im ersten Weltkrieg bei den Fliegern. Er wurde als Beobachter in einem Doppeldecker eingesetzt: Der Pilot saß hinten, der Beobachter vorn. 1916 wurde er von den Franzosen abgeschossen und geriet in französische Gefangenschaft. Aufgrund seiner guten Sprachkenntnisse wurde er als Dolmetscher bei der Botschaft in Bern eingesetzt. 1919 wurde er entlassen. Er hatte schon vor dem Krieg zu meiner Mutter, die in Berlin lebte, Kontakt und schrieb ihr viele gefühlvolle Briefe; diese habe ich immer noch. Aus der damaligen Zeit habe ich noch ein Sektglas von meinem Vater mit einem großen W II drauf (für Wilhelm II). 1920 haben meine Eltern geheiratet. Zuerst wurde ein Sohn geboren, der kurz nach der Geburt verstarb. Der zweite Sohn kam

1924 und ich wurde dann 1927 geboren, und zwar in **Dortmund**. Wir wohnten in der Sonnenstraße. Wir hatten damals, das war so üblich, ein Kindermädchen. Dieses ließ mich einmal im Kinderwagen vor dem Haus stehen und der Wagen setzte sich von allein in Bewegung. Der Wagen stürzte dann am Kantstein um. Zum Glück! Sonst hätte mehr passieren können, da die Sonnenstraße, danach habe ich mich noch einmal erkundigt, ziemlich abschüssig ist.

Wir sind dann 1928 nach Berlin gezogen, und zwar in eine riesige Wohnung in Charlottenburg in einem Eckhaus in der Kantstraße/Kaiser-Friedrich-Straße. Ich weiß noch, dass über meinem Bett der kaputte Propeller von dem abgestürzten Doppeldecker hing. Den Propeller hatte mein Vater als Andenken von seinem Absturz mitgebracht. Meine Mutter wollte ihn nicht im Wohnzimmer haben. Es ging sehr sparsam zu. Zum Beispiel gab es Braten nur am Sonntag, sonst täglich Eintopf. Auf Brot gab es entweder Butter oder Marmelade, nicht beides. 1934 ging mein Vater wieder zum Militär. Er war Offizier durch und durch. Diese Militärlaufbahn wird in meiner Familie häufig diskutiert. Nach einer Zwischenstation in Frankfurt/Oder von 1936 bis 1938 wurde er, und damit die ganze Familie, nach dem „Anschluss" Österreichs nach Graz versetzt. Hier blieb ich bis 1946. Ich verlebte in Graz mein 11. bis 19. Lebensjahr. Es waren sehr schöne Jahre, obwohl Krieg war. Dazu später mehr.

Nun zu meiner <u>Mutter</u>, geb. 1885: Sie stammte aus einem großbürgerlichen Haus. Ihr Vater war königlich-preußischer Eisenbahninspekteur. Er wurde oft versetzt. Im Jahre 1890 ging er, und mit ihm die ganze Familie, für ein Jahr nach Caracas, Venezuela, um dort ein Eisenbahnprojekt, nämlich die Strecke Caracas-Valencia, durchzuführen. Mit Frau und vier Kindern, darunter meine Mutter, mit einem Kindermädchen, einer Tante meiner Mutter sowie dem gesamten Hausrat ging die Fahrt per Segelschiff nach Caracas. Natürlich wurden alle seekrank. Die Tante, die als Gouvernante dort die Kinder unterrichtete, hat über die Reise und den Aufenthalt viele interessante Briefe an unsere Urgroßmutter in Berlin geschrieben, die noch erhalten sind und die meine Schwägerin abgetippt hat. Der Großvater erkrankte dort leider an Gelbfieber und verstarb. Während seiner Krankheit wurde extra für ihn die Straße vor dem Haus abgesperrt, um ihn nicht durch den Lärm der Pferdegespanne zu stören. Dann reiste meine Großmutter nach Berlin in die Wohnung ihrer Mutter zurück. Die vier Töchter haben alle Berufe gelernt. Meine Mutter wurde Lehrerin, was ihr aber nicht gefiel. Sie ging dann 1920 mit fliegenden Fahnen in die Ehe mit meinem Vater.

1931 in Fischerkaten/Hinterpommern

Ich war in **Berlin** zunächst in der Volksschule. Mädchen und Jungen waren getrennt. Auch auf dem Schulhof gab es eine imaginäre Linie, die keiner zu überqueren wagte. Wenn mein Bruder sein Schulbrot zu Hause vergessen hatte, wollte ich ihm das zukommen lassen. Dies ging nur, indem ich das Brot hoch hielt, um es ihm zu zeigen, und ich es ihm über die „Linie" zuwarf.

Ende der 20er Jahre gab es viel Armut in Berlin und – wie gesagt - schmales Essen und reichlich Lebertran. Wenn ich Bücher kaufen wollte, wurde mir das aber stets ermöglicht. Ich erinnere, dass einmal ein Bettler an die Tür kam und um eine Spende bat. Das Dienstmädchen gab ihm ein Schmalzbrot. Später fanden wir das Brot: Es klebte außen an der Haustür! Dem Bettler war es wohl nicht gut genug oder er wollte lieber Geld. Ich werde diesen Vorfall nicht vergessen.

Wir zogen 1934 in Berlin von Charlottenburg nach Mariendorf und hatten ein kleines Gärtchen, von dem man das Ullstein-Gebäude sah. In Mariendorf ist uns einmal ein knallgelber Kanarienvogel zugeflogen, der schön trällerte und den wir Mätzchen nannten. Wir kauften noch ein Weibchen dazu, das grau-braun war. Im Käfig wurde dann ein Nest eingehängt und tatsächlich lagen bald vier Eier darin, aus denen 4 Vögelchen schlüpften: Eins gelb, eins grau-braun und zwei grau-braun-gelb. So lernte ich das Mendelsche Gesetz. Mätzchen hatten wir noch bis 1946 in Graz.

Ein beliebter Spruch meiner Mutter im Zusammenhang mit Ausflügen war:
„Kinder, seht ins Grüne; das ist gut für die Augen."
Ich war weder Vaters noch Mutters Liebling. Zärtlichkeiten gab es kaum zu Hause. Mein Bruder wollte nur lernen. Ich habe mehr Dummheiten gemacht.

Zum Nikolaus stellten wir immer einen Teller vor die Tür – ein Schuh war meiner Mutter zu unhygienisch. Einmal war nur ein Zettel auf dem Teller; auf dem Zettel stand: Ich müsse viel artiger werden!

In der Volksschule 1934

Ich hatte alle Freiheiten, nichts wurde verboten. Wir wussten aber, was geht und was nicht geht. So kamen wir immer sehr pünktlich zum Essen. In verbotene Filme ging ich nicht – meine Eltern mussten es mir nicht verbieten. Ich habe die Freiheiten nicht missbraucht, aber allerlei - harmlose - Streiche gespielt. So habe ich mal vom Diensttelefon meines Vaters (er war ja Offizier und hatte ein Telefon) Leute angerufen und den Angerufenen gebeten, die Telefonleitung auszumessen. Dann habe ich gesagt: Sie haben aber eine lange Leitung!

Oder ich habe Klingelstreiche gemacht oder auch schon mal vom Balkon gespuckt. Der Mann unten hat das gemerkt, kam nach oben und hat sich bei meiner Mutter beschwert. Meine Mutter hat mich dann nicht bestraft und auch nicht mit mir geschimpft. Ich wurde von meinen Eltern durch Vorbild und nicht durch Verbote erzogen und wusste so, was ich durfte und was nicht. Die Erziehung, die auch Bescheidenheit einschloss, wurde zu einem Fundament für mein Leben. Ich bin meinen Eltern sehr dankbar für diese Art der Erziehung.

Mit 10 Jahren wurde ich Jungmädel. Hitler und die Nazis waren – jedenfalls in Gegenwart der Kinder – kein Gesprächsthema bei uns zu Hause. Meine Klavierlehrerin in **Frankfurt/Oder** war wohl eine Jüdin, sie hieß Abraham mit Nachnamen. In der Klasse hatten wir zwei jüdische Mädchen, die immer für sich mit dem Ball an der Wand spielten, sie waren eines Tages weg. Später erfuhr ich, dass es in unserer weiteren Familie einen überzeugten Nazi gab und einen überzeugten Kommunisten. Letzterer floh rechtzeitig nach London und arbeitete dort bei der BBC.

In Frankfurt/Oder hatte ich meine ersten Opernbesuche: „Hänsel und Gretel" und „Der Freischütz". Ich mochte Musik und das Klavierspielen, aber Singen war mir leider nicht gegeben. Wenn ich mir etwas wünschen dürfte, so ist es: Gut singen zu können. Frankfurt an der Oder war damals eine wunderschöne mittelalterliche Stadt. Ich ging dort auf die Hindenburg-Schule und danach auf das Lyzeum Heinrich von Kleist. Ich war in der Klasse eher eine Einzelgängerin. Unsere Familie hatte eine Beziehung zu Frankfurt/Oder, weil mein Urgroßvater ca. 1830 Prediger in der Stadt war. Als ich nach der Wende mit meiner Tochter mal dort war, fand ich an dem Konzerthaus (früher Nicolai- oder

Unterkirche) an der Oder ein Schild: Hier wohnten Prediger in den Jahren 1830 bis 18?? (den Endtermin erinnere ich nicht). Es hat mich sehr berührt, an der Stätte zu sein, wo ein Vorfahre gewirkt hatte.

In Güstebiese an der Oder 1933

Wir sind in den 1930er Jahren häufig in die Ferien gefahren, z. B. nach Ferch am Schwielowsee (südl. von Potsdam), in ein Bauernhaus an der Oder in Güstebiese, nach Fischerkaten in Hinterpommern, in den Spreewald, später nach Norddorf auf Amrum. Im Elbsandsteingebirge wohnten wir auf der Festung Königstein. Nach ermüdenden Wanderungen musste ich mich am Schluss immer den steilen Anstieg zur Festung hochschleppen. Im Riesengebirge lernte ich Schwimmen und Radfahren (Mutter: Kind, hast Du schon wieder blutige Knie??) und auf der Schneekoppe stand ich mit den Füßen beiderseits der Grenzlinie zur Tschechoslowakei. 1937 durfte ich mit einem Onkel, der Kanalinspektor war, auf dem Kanal von Kiel nach

Brunsbüttel fahren, natürlich mit einem Matrosenkragen bekleidet. Während die meisten anderen in Brunsbüttel im Hotel schliefen, übernachtete ich an Bord in einer Koje. Ich war stolz, allein mit der Bahn nach Kiel gefahren zu sein.

Als 1938 der Umzug nach **Graz** bevorstand, bin ich für eine Woche bei der Familie eines Onkels in Dessau untergebracht worden. Mein Vater hatte schon vorher ein Zimmer (bei einer Baronin) in Graz besorgt, um dort in Ruhe ein geeignetes Haus für unsere Familie aussuchen zu können. Der Onkel war Bürgermeister von Dessau. Eines Abends im November hörte ich von der Straße Lärm und Geschrei und das Klirren von Glas. Es war die „Reichskristallnacht", deren Bedeutung mir damals nicht klar war; darüber wurde auch nicht gesprochen.

10. Geburtstag „hoch zur See"

In Graz wohnten wir in einer schönen Villa am Rande der Stadt, in der Hilmteichstraße. Es handelte sich um eine Dienstunterkunft meines Vaters. Das Haus war hell und freundlich. Es war vorher ein Mehrfamilienhaus mit je einer Toilette auf den drei Etagen. Eine dieser Toiletten nannten wir den „Thron", weil man einige Stufen hochzusteigen hatte. Das Badezimmer musste vor dem Einzug in eine Diele eingebaut werden und wurde mit Badewanne und Gasbadeofen versehen. Das Wohnzimmer war mit einem runden Tisch, Polstersesseln, Bücherschränken mit versenkbaren Türen, Anrichte und mit Teppichen gemütlich eingerichtet. Die Stühle am Esstisch hatten Korbgeflecht. Im Schlafzimmer schliefen die Eltern in Eisenbetten. In der Küche waren drei Herde, befeuert mit Kohle, Gas bzw. Strom. In der Mitte stand ein langer Tisch. Wenn man die beiden Platten auseinanderzog, kam eine Wäschemangel hoch. Der Koksofen im Souterrain zog schlecht und es roch manchmal nach Gas im Haus. Einmal ist meine Mutter ohnmächtig von einer Gasvergiftung geworden, als sie nahe am Ofen stand. Wir hatten auch ein Dienstmädchen.

Ich kam in Graz auf die Maria-Theresia-Schule, ein Lyzeum, das zu dem Kloster Sacré-Coeur gehörte. Ich wurde auf der Schule nett aufgenommen und geneckt als eine, die aus dem „Altreich" stammte. Am Abend vor Nikolaus gab es – wie in Österreich üblich - in der Schule den Brauch, dass der Nikolaus einen Begleiter mitbrachte, nämlich den Krampus, eine furchterregende Schreckensgestalt, die unter Geschrei mit einer Eisenkette auf dem Fußboden herumwirbelte. Alle Kinder schrien und kletterten auf die Tische.

Mein Vater war in Graz Wehrbezirkskommandeur und hatte ein Auto mit Chauffeur. Es war ein Dienstwagen, wir durften aber niemals mitfahren. Eine solche Privatnutzung widersprach Vaters Dienstverständnis als preußischer Offizier. Den nicht kurzen Weg zur Dienststelle legte er immer zu Fuß zurück. Den Hitlergruß habe ich bei ihm nie gesehen.

Am 15.6.1941 wurde ich konfirmiert, nach nur einem Tag „Konfa-Unterricht". Meine Eltern besorgten einen Fiaker, mit dem wir zur Kirche gefahren sind; ich fand das ziemlich peinlich. Ich ging in Graz zu den Jungmädels und bekam bald die Führerschaft über eine Gruppe von 10 Mädels. Es kam mir komisch vor, dass ich Kinder führen sollte, die kaum jünger waren als ich. Ich nahm die Aufgabe aber sehr ernst und ca. 1941 – ich war da 14 Jahre alt - bekam ich die Leitung einer BDM-„Schar" (ca. 30 Mädchen). Als Ehrung sollte ich eine grüne Schnur bekommen. Voraussetzung war aber, dass ich aus der Kirche austrete. Das lehnte ich ab und bekam die grüne Schnur nicht.

Es war Krieg, aber ich erinnere mich gern an diese Zeit, was verwundern mag. Mit unserer Mädel-Gruppe machten wir Wanderungen, Sport (vor allem Geräteturnen), Spiele oder auch steirische Tänze und Theaterbesuche. Das Gemeinschaftsgefühl war das Beste. In Graz war häufig Fliegeralarm, aber Bomben fielen selten. Einmal sollten wir aus den Trümmern Ziegelsteine in den Hof tragen. Es gab Fliegeralarm, aber wir nahmen das nicht so ernst. Wir haben uns im Nachbarhaus in Ruhe gewaschen und gingen dann erst in den Keller. Als wir dort gerade ankamen, fielen ganz in der Nähe mit knatterndem und knallendem Geräusch Bomben herab. Als der Alarm vorbei war, sind wir über Geröll und durch Staub geklettert und sahen, dass dort, wo wir uns gewaschen hatten, alles weggebombt war. Ich habe zwar manchmal Angst gehabt, aber das musste für unser deutsches Vaterland in Kauf genommen werden. Bei einem Ernteeinsatz in den Sommerferien musste ich in der Hitze des Hochsommers Rüben hacken und zwar von 7h morgens bis 7h abends. Zu trinken gab es nur Most, der furchtbar müde machte. Für das Essen in dem Gasthaus, wo ich wohnte, musste ich Essensmarken abliefern. Im November 1944 hatten wir einen Einsatz in der Untersteiermark, wo wir aus Weidenzweigen Faschinen als Einsturzschutz für Schützengräben flechten sollten. Wir wohnten in einer Turnhalle ohne Sanitäreinrichtungen und mussten unser „Geschäft" draußen in der Kälte und Nässe verrichten. Am 26. Januar 1945 bin ich zum Reichsarbeitsdienst gekommen. Erst sollte ich in der Nähe zur Grenze nach Slowenien zum Faschinenflechten versetzt werden. Wegen der Grenznähe war das ein gefährliches Partisanengebiet. Es war das einzige Mal, dass sich mein Vater einmischte und erreichte, dass ich in eine ungefährlichere Gegend kam, nämlich zum Schloss Wiesenau bei Bad St. Leonhard in Ost-Kärnten. Ich sollte dort bei einem Bauern helfen, kannte mich aber in der Landwirtschaft überhaupt nicht aus und verstand auch das Steirisch der Bauern nicht. Hauptsächlich habe ich da, es war Winter, Holz gesägt. Zu essen gab es häufig „Brennsuppe", das war Mehl versetzt mit kochendem Wasser. Dann gab es auch „Sterz" zu essen, eine Art Maisgericht. Bei meinen Arbeiten bekam ich eine Vereiterung an einem Finger, was sehr schmerzhaft war. Ich musste den Arm in der Schlinge tragen. Da es nicht besser wurde, hieß es zunächst im Krankenhaus in Wolfsberg im Lavanttal, dass der Finger amputiert werden sollte. Mittels eines speziellen Puders wurde der Finger dann aber langsam geheilt. Als ich einmal in der Dunkelheit das Puder von der Apotheke holte, zog ein Treck von Flüchtlingen vorbei, die wohl aus Siebenbürgen und der Bukowina kamen. Es waren 8 bis 10 von Pferden gezogene Gespanne. Die Menschen machten einen trostlosen, schicksalsergebenen Eindruck und ich werde dieses Bild nie vergessen.

Meine Mutter wollte nicht zur NS-Frauenschaft und musste zu Hause Socken für die Soldaten stricken. Mein Bruder war zunächst zur HJ-Reiterschaft gegangen, wo man ganz gut zurechtkommen konnte. Mit 16, im Jahre 1940, machte er in Marburg einen Offizierslehrgang. In Russland erlitt er leichtere Verletzungen und musste ins Lazarett. Darüber hat er nie gesprochen. Schließlich geriet er in englische Gefangenschaft und arbeitete später als Naturwissenschaftler in Marburg und Berlin.

Meine Mutter, meine Großmutter und eine bei uns wohnende Tante wurden Anfang 1945 in Graz zwangsweise evakuiert und nach Unterzeiring, ca. 10km nordwestlich von Judenburg, gebracht. Die Unterkunft war sehr bescheiden: Ein Zimmer, wo nur Platz für die drei Betten war. Ich habe sie dort einmal mit dem Fahrrad von Wiesenau aus besucht. Das war eine Strecke von ca. 80km und führte über den beinahe 1000m hohen Obdacher Sattel. Mein Vater wurde in dieser Zeit aus dem Dienst entlassen, weil er Meinungsverschiedenheiten mit seinem Vorgesetzten hatte.

Am 2. Mai 1945 wurde ich aus dem Reichsarbeitsdienst entlassen. Ich bekam, weil ich aufgrund der RAD-Zeit die Schule nicht mehr beenden konnte, einen Reifevermerk, der als Abitur galt. Die Eisenbahn ging noch, aber die Fahrt von Bad Wiesenau/Bad St. Leonhard nach Graz dauerte viele Stunden. Dabei hörte ich von Mitreisenden, dass Hitler tot ist. Das schien aber niemanden besonders zu interessieren. In dem Grazer Haus war keiner. Ich habe dann im Gasthaus „Türkenloch" gewohnt, wo auch andere HJ-ler untergebracht waren. Meinen Vater habe ich in dem

Grazer Vorort Laßnitzhöhe besucht. Wir haben verabredet, uns zu Hause zu treffen. Im Radio wurde nun nicht mehr die deutsche Nationalhymne gespielt, sondern das Steirer-Lied: Hoch vom Dachstein an …

Mein Vater floh am 8. Mai 1945 in Zivilkleidung und zu Fuß zu meiner Mutter nach Unterzeiring und kam dort am 10. oder 11. Mai 1945 an. Vorher hatte er noch einem anderen Soldaten zur Zivilkleidung verholfen. Wir, eine Gruppe von Mädels und Jungen, wurden am 8. Mai mit dem LKW über St. Michael zu einem Ort nördlich von Leoben gebracht, wo wir nachts ausstiegen. Mit einer Freundin aus der BDM-Zeit, die zu ihren Eltern wollte, übernachtete ich in einem Heuschober. Wir hörten die ganze Nacht Schüsse und waren verängstigt; es waren deutsche Soldaten, die ihre restliche Munition verschossen. Am nächsten Morgen sind wir beide mitsamt Gepäck ganz nach Schladming geradelt, wo die Eltern der Freundin wohnten. Das waren mehr als 100 km. Das Fahrrad war schlicht und hatte keine Gänge. Über das Ennstal radelten wir nach Schladming, wo wir einige Tage bei ihren netten Eltern blieben. Meine Freundin, die sich in der Gegend auskannte und um meine Sicherheit besorgt war, begleitete mich auf dem Weg zum Quartier meiner Eltern. Das waren mehr als 120 km und wir übernachteten einige Male in Hütten im Stroh. Die Straße führte zunächst nach Unter- und Obertauern, also über Berge und Täler. Bergan mussten wir schieben, aber da die Rücktrittbremse bergab zu schnell heiß wurde, mussten wir häufig auch bergab schieben. Amerikanische Panzer kamen uns entgegen. An den Pässen der Straße wurden wir kontrolliert und nach Passierscheinen gefragt, die wir natürlich nicht hatten. Meine Freundin kannte aber einige der Kontrolleure und wir kamen durch. Als wir einmal in eine russische Kontrolle gerieten, sind wir einfach durchgefahren und es wurde hinter uns her geschossen – wohl in die Luft, denn uns passierte nichts. Wie wir das alles geschafft haben und wo wir übernachteten, weiß ich nicht mehr.

Es war wohl etwa der 20. Mai als wir in Judenburg, also kurz vor Unterzeiring, ankamen. Ich ließ mein Fahrrad dort stehen und das letzte Stück gingen wir zu Fuß. Meine Freundin blieb an einem Hang oberhalb des Quartiers meiner Eltern stehen und ich ging in das Haus, wo meine Eltern, meine Tante und die 89jährige Großmutter in einem Raum oben wohnten. Als ich die Tür öffnete, waren nur die Tante und die Großmutter da; letztere sagte nur: Wir wollen ins Reich kommen. Gemeint war sicherlich das Deutsche Reich. Meine Tante war von meinem Erscheinen überrascht, erschreckt, geriet in Panik und eröffnete mir dann, dass sich meine Eltern am 11. Mai das Leben genommen hatten! Ich fühlte mich wie vor den Kopf geschlagen. Meine Freundin tröstete mich. Nach einiger Zeit beruhigte ich mich. Mir waren die Eltern genommen, aber ich musste mich nun nicht mit der Frage quälen, was aus meinem 63 Jahre alten Vater und der 60-jährigen Mutter werden und wie ich sie versorgen sollte. Meine Mutter war häufig schwermütig gewesen und hatte schon vorher einmal geäußert, sie würde sich umbringen, wenn die Russen kommen. Wie die Tante mir erzählte, hatte meine Mutter zu meinem Vater, als er ankam, schon gesagt: Gut, dass Du kommst, morgen hättest Du mich nicht mehr angetroffen. Ich sehe den Freitod jetzt so: Beide sahen keinen anderen Ausweg, aber Mutter war wohl die treibende Kraft. Keine Sachen, kein Geld, kein Dach überm Kopf, als Deutsche in einem fremden Land, der Sohn in englischer Gefangenschaft. Wie sollten sie nach Deutschland kommen? Mein Vater hätte allerdings keinen Anlass gehabt, sich aus politischen Gründen das Leben zu nehmen. Ich mache ihnen keinen Vorwurf, mich allein gelassen zu haben.

Der Großmutter hatten meine Eltern gesagt, sie würden sich auf den Weg ins Reich machen. Aber der Tante hatten sich meine Eltern anvertraut. Die Tante hatte von einem Arzt, den sie wegen einer gebrochenen Hand aufsuchen musste, gehört, dass zwei Personen tot aufgefunden worden waren. Da war ihr klar, dass das meine Eltern waren. Meine Eltern waren anonym auf dem katholischen Friedhof in St. Oswald von dem Küster beerdigt worden, was ich der Kirche hoch anrechne und ihr dankbar bin. 1957 hat mein Bruder einen Feldstein mit dem Namen meiner Eltern setzen lassen.

Als ich 2010 mit meiner Tochter in St. Oswald-Möderbrugg zu Besuch war und wir im Gespräch mit Einwohnern und im Gasthaus uns vorstellten, erinnerten sich die Bewohner noch gut an das grausame Geschehen von 1945: „Ach, Sie sind die Tochter … Das war ja eine furchtbare Tragödie damals." Auch der Pfarrer, der noch lebte, erinnerte sich gut an diese tragischen Ereignisse. Noch bis vor 10 Jahren habe ich dafür gesorgt, dass die Gräber gepflegt wurden; inzwischen wurde aber die Grabstelle aufgelöst, aber der Grabstein ist noch vorhanden.

Als ich mich an diesem Tag im Mai 1945 von meiner Freundin verabschiedete, die nach Schladming zurückradelte und übrigens heil dort ankam, weinten wir beide fürchterlich. Ich, damals 18 Jahre alt, habe mich dann in mein Schicksal gefügt und bei dem Bauern gearbeitet, wo wir untergebracht waren. Die Jause, die ich als Lohn bekam, wurde mit Oma und Tante geteilt. Es gab auch noch Lebensmittel auf Karte und wir aßen oft Brennnesselsuppe. Einmal war ein Pferd gestürzt und musste getötet werden. Alle im Dorf bekamen von dem Fleisch etwas ab. Meine fast 70-jährige Tante musste auf Knien die Wäsche im eiskalten Bach waschen.

Ende Juni/Anfang Juli 1945 fuhr ich von Judenburg nach Graz, um dort nach der Wohnung zu sehen. Der Fußweg zum Bahnhof in Judenburg war weit. Als ich einen Panjewagen mit drei russischen Soldaten sah, fragte ich arglos, ob sie mich mitnehmen könnten. Das taten sie auch und ich durfte sogar vorn auf dem Wagen sitzen. Als die Soldaten in einer Pause in einem Wirtshaus verschwanden, bekam ich es aber doch mit der Angst zu tun und ging allein weiter.

Im von den Russen besetzten Graz traute ich mich nicht in unser Haus und kam bei der Nachbarin unter. Diese erzählte mir, dass im Haus eine russische Kantine untergebracht gewesen war, diese aber nicht mehr existierte. Ich könne in das Haus gehen, solle aber kein Licht anmachen. Im Haus war, bis auf ein paar Möbelstücke, alles zerschlagen und lag auf dem Boden. Kleidung war überhaupt nicht mehr da. Eine andere Nachbarin war so umsichtig, vier Fotoalben von uns aus dem Haus zu retten, bevor die Russen es besetzten. In Graz konnte ich auch etwas Geld abheben, meine Eltern hatten mir schon früher Kontovollmacht erteilt. Davon habe ich auch meine Tante unterstützt. Inzwischen waren die Russen aus Graz verschwunden und durch die Engländer ersetzt worden. Diese verhörten mich einmal und fragten, was wir in der BDM-Zeit genau gemacht hatten. Ich erklärte das auf Englisch. Wenn es kritisch wurde, wechselte ich aber ins Deutsche. Das Verhör verlief ohne Probleme.

Der Vater meiner Freundin, der allgemein nur „der Major" genannt wurde, hatte bei Graz einen Bauernhof. Er war freundlich zu mir und ich durfte dort wohnen und wir holten sogar mit seinem Pferdewagen einige Möbelstücke aus unserem Haus auf seinen Hof. Ich ging dann in die landwirtschaftliche Lehre bei ihm. Ich versuchte auch, das Abitur nachzumachen, weil das „Notabitur" nicht anerkannt wurde. Ich wurde aber zu der Schule nicht zugelassen, weil ich eine Deutsche und somit eine Ausländerin war. Im Kloster für Barmherzige Brüder sollten ich und ein anderes Mädchen auf Anordnung des Arbeitsamts Rosshaar „krampeln", d.h. es sollte altes Pferdehaar, das aus Matratzen stammte, entknüllt und entstaubt werden. Dies geschah, indem das Haar in eine Maschine gespannt wurde, aus der es mittels Bedienung einer Kurbel und Walze einigermaßen gelockert herauskam. Das war mit entsetzlichem Staub und Dreck verbunden. Nach ein paar Tagen kam ein Klosterbruder, der die ungesunde Tätigkeit sah und uns von dieser Arbeit erlöste. Auch als Trümmerfrau wurde ich für kurze Zeit verpflichtet.

Hauptsächlich arbeitete ich bei dem „Major" in der Landwirtschaft mit und lernte z. B. Feldarbeiten, Ausmisten, Heu machen und Melken, an der einzigen Kuh, die er hatte. Mir machte das alles recht viel Spaß und ich wollte auf die landwirtschaftliche Lehranstalt in der Steiermark gehen, was mir aber als Deutsche nicht erlaubt wurde. Nebenbei lernte ich auch Steno und Schreibmaschine in Graz. Der „Major" hatte es schließlich auch irgendwie geschafft, dass ich für volljährig erklärt wurde. Mein Traum war, in Schleswig-Holstein Gutsverwalterin zu werden.

Familiären Briefkontakt hatte ich nur zu meinem Bruder, der in englischer Gefangenschaft saß. Meine

Briefe wurden teilweise von den Engländern zensiert. Immer wieder habe ich von Graz aus Großmutter und Tante zu den Feiertagen und auch zwischendurch besucht, damit sie sich nicht ganz verlassen fühlten. Das war jedes Mal mit einem langen Fußmarsch von und nach Judenburg verbunden. Erst 1947 hatten sie die Möglichkeit, nach Deutschland zu fahren. Großmutter war da 91 Jahre alt! Was war das für ein langes Leben mit zwei fürchterlichen Kriegen!

Im Frühjahr 1946 sprach mich ein ehemaliger Kollege meines Vaters an. Er hatte die Aufgabe, einen Zugtransport nach Hamburg zu organisieren, und fragte mich, ob ich mit wollte. Das schien mir eine interessante Perspektive für ein anderes Leben zu sein und ich stimmte zu. Wir wurden in Viehwagen verfrachtet und an jeder Besatzungsmacht-Grenze mit Entlausungsmitteln besprüht. Die Fahrt dauert wohl drei Tage und drei Nächte. Ich kannte niemanden der Mitreisenden. Geschlafen haben wir auf unserem Gepäck, nämlich auf Rucksack und Taschen. Von den Amerikanern bekamen wir als Verpflegung Maiskekse. In Hamburg durften wir nicht aussteigen, sondern mussten zur Endstation **Flensburg-Mürwik** fahren, wo alle in einem Barackenlager unterkamen. An einem Tag fragte jemand, ob Leute aus Graz dabei seien. Ich meldete mich. Es stellte sich heraus, dass der Lagerarzt diese Frage gestellt hatte. Er hatte in Graz in unserer Nähe gewohnt und kannte mich. Das hatte den Vorteil, dass ich tagsüber in seinem Zimmer sein durfte. Ich habe von dort Briefe u. a. an den „Major" und an die Freundin geschrieben. Das Essen im Lager war dürftig. Dort habe ich gelernt, was richtiger Hunger bedeutet! Als Belohnung für das Ausschrubben von Kübeln bekam ich ein paar faulige Kartoffeln. Ich hatte noch genug Geld und kaufte mir manchmal Fischpaste, die wohl aus gemahlenen Gräten bestand. Es gab sie ohne Lebensmittelmarken und füllte ein bisschen den Magen. Flensburg als Stadt gefiel mir gut.

Eines Tages fuhr ich mit dem Zug nach Hamburg, wo der ältere Bruder meines Vaters wohnte. Die Adresse Alsterdorfer Straße/Ecke Efeuweg hatte ich noch. Ich fuhr mit der U-Bahn vom Hauptbahnhof zum Lattenkamp. Wegen der langen Zugfahrt war es inzwischen dunkel. Ich fragte eine Mitfahrerin nach dem Weg. Sie sagte, ich könne nicht so spät nachts bei dem Onkel erscheinen, und sie war so nett, mich bei ihr übernachten zu lassen. Als ich bei dem Onkel am nächsten Tag in seiner Apotheke ankam, stellte er die – damals häufig gestellte – Frage: „Was willst Du denn hier?" Ich erklärte, dass ich ein Dach überm Kopf und Essen suche. Ich fuhr zurück nach Flensburg und wartete verzweifelt auf Antwort. Mein Onkel bemühte sich, etwas Passendes für mich zu finden. Er war mit dem berühmten Trabrennfahrer Walter Heitmann befreundet. Dieser hatte Stallungen auf einem Gut bei Hittfeld gepachtet. Dort war übrigens auch das berühmte Pferd Permit untergebracht, das 1953 den Prix d`Amériques in Paris gewann. Über diesen Kontakt gelang es, dass ich mich bei der Gutschefin vorstellte und mit den Worten „Sie können wir brauchen" genommen wurde. Das Gut war voll von Flüchtlingen. Anfangs musste ich auf dem Fußboden im Esssaal schlafen. Obwohl reichlich Holz vorhanden war, wurde kaum geheizt und ich fror dauernd; der Winter 1946/47 war besonders hart. Ich war also auf dem Gut Haidhöhe bei **Hittfeld** angestellt und sollte in der Küche helfen. Ich schälte Kartoffeln, putzte Gemüse und half im Garten. Einmal sollte ich für die Chefin Rührei machen. Ich konnte das nicht richtig und lieferte zum Entsetzen der Chefin einen Eierklecks ab. Die Gutschefin war ziemlich rigoros. Sie hatte aber eine Tochter, die nett war und mit der ich mich anfreundete. Frei hatte ich nur alle vier Wochen.

Der Gärtner des Gutes stammte von einem Bauernhof in Westpreußen. Er war zuletzt in Neustadt/Holstein in englischer Gefangenschaft gewesen und hatte in Neugraben seine Mutter, die geflüchtet war, gefunden. Auf der Suche nach einer Stelle hatte man ihm die Gärtnerei auf dem Gutshof angeboten. Er lebte dort beengt mit seiner Mutter zusammen. Eines Tages fragte mich der Gärtner, der eine Tanzschule in Hittfeld besuchte, ob ich mit zum Abschlussball käme. Ich sagte zu. Daraus entwickelte sich eine Beziehung und schließlich verlobten wir uns Ende August 1947 und heirateten am 10. Dezember 1947, und zwar in der wunderschönen Feldsteinkirche mit freistehendem Glockenturm in Hittfeld. Zur Kirche fuhren wir in einer Kutsche von Walter Heitmann. Wir wohnten dann zu dritt, also einschl. Schwiegermutter, in zwei kleinen Zimmern, was nicht immer konfliktfrei verlief. Ich arbeitete in der Gärtnerei, und zwar in der Pflanzenzucht, mit. Vor allem musste ich pikieren, d.h. kleine Gemüsepflänzchen umpflanzen. Das war eine ziemliche Fummelarbeit, die mir nicht so gefiel, aber die Gärtnerei lief durch den Verkauf von Gemüsepflanzen gut. Durch Hittfeld fuhren häufig Züge mit Kohle, die für England bestimmt war. Der Winter war sehr kalt. Da die Züge an dieser Stelle (absichtlich?) langsam fuhren und viele Leute nicht genügend Heizmaterial hatten, war es üblich, auf die Waggons zu steigen und einen Sack Kohle zu stibitzen. Das war nicht ungefährlich und es musste schnell gehen. Mein Mann machte das, wie viele andere, auch und warf den Kohlensack den Bahndamm hinunter, wo ich den Sack an mich nahm.

Nachdem noch der Schwiegervater dazu kam und im März 1949 die erste Tochter geboren wurde, war es viel zu eng in der Wohnung. Mein Mann und ich suchten eine andere Unterkunft und zogen 1950 nach Meckelfeld, wo wir Pachtland für die Gärtnerei gefunden hatten und wo im Juni 1951 die zweite Tochter geboren wurde. Auf dem großen Gelände standen Obst- und Nussbäume und wir hielten dort auch eine kleine Schafherde mit Milch- und Wollschafen, ein Schwein, Hühner und Enten. Ich musste neben der Kinderversorgung im Betrieb mithelfen, z. B. auch die Schafe melken und die Enten rupfen, wenn es so weit war. Das Rupfen war sehr schwierig für mich. Die Enten mussten ja für den Verkauf perfekt aussehen. Ich bekam einen Tipp: Ein heißes Bügeleisen auf das Tier stellen und dann die Federn einfach abstreifen. Das funktionierte! Mein Mann hatte einen alten Kübelwagen; mit dem fuhr er zum Harburger Markt, um die Waren anzubieten. Es war eine schwierige Zeit, auch weil wir nur im Sommer Geld verdienten. Schließlich wurde die Pacht 1954 einvernehmlich beendet und wir gingen wieder zurück auf das Gut, wo mein Mann Gutsverwalter wurde.

Am 27. Oktober 1955 konnten wir ein kleines Haus in der „Ostdeutschen Bauernsiedlung" in **Hamburg**-Langenhorn-Nord, zwischen Stockflethweg und Am Ochsenzoll, beziehen. Es war mit 118 anderen Häusern von der Nordwestdeutschen Siedlungsgesellschaft gebaut worden und zur Unterbringung von Menschen bestimmt, die in Ost- und Westpreußen, Schlesien oder Pommern ihre Landwirtschaft verloren hatten. Als Erbe so einer Landwirtschaft hatte mein Mann Anspruch auf ein Haus. Finanziert wurde das über den Lasten-ausgleich. Die Gärten sollten mittels Gemüseanbau als Nebenerwerb dienen. Mein Mann legte gleich

Gemüsebeete an. Die Kartoffeln wurden wechselnd vorn rechts, vorn links, hinten rechts, hinten links angebaut. Das Gelände war vorher Brachland gewesen und der Boden war nicht gut. Zur Bodenverbesserung wurde Kuhdung per Pferdewagen angeliefert, den ich dann mit der Forke im Garten. verteilte. Außerdem legte mein Mann Bienenstöcke an, er hatte Imkern gelernt. Er hat viel gearbeitet. Wir schafften uns auch Hühner und Kaninchen (sog. Stallhasen) an und pflanzten Obstbäume.

Die Häuser waren sehr einfach und boten nur 64 qm Wohnfläche. Ein Wasserhahn war zunächst nur außen am Haus. Dann wurde er in die Küche gelegt, ohne dass ein Abfluss vorhanden war; der kam erst später. Als Toilette gab es nur ein Trockenklo, zum Glück mit einem kleinen Fenster. Sonnabends hingen üble Düfte in der Siedlung, weil dann die Toilettenkübel in den Gärten entleert wurden. Viele Jahre später wurden die Nutzgärten zu Ziergärten.

Im Mai 1956 wurde die dritte Tochter geboren. Mein Mann war zu dieser Zeit schon bei der Behörde für Ernährung und Landwirtschaft angestellt und wurde später Beamter. Seine Aufgabe war es, pflanzliche Lebensmittel zu kontrollieren, z. B. Pflanzen zu beschauen und in ankommenden Schiffsladungen Obst zu kontrollieren. Wir konnten uns nun ein Auto leisten. Mit einem Fiat 600 machten wir 1954 und 1960 Fahrten zum „Major" und seiner Familie nach Graz. Die Kinder saßen zu dritt hinten, das Gepäck auf dem Dach. Nach schweren Krankheiten an Magen, Kreislauf und Herzinfarkt verstarb mein Mann 1984. Zuletzt lag er eine Woche im Koma auf der Intensivstation im Krankenhaus Heidberg. Die Ärzte sagten, ich brauche nicht mehr zu kommen, da er nichts mehr mitbekäme.

Ich war anderer Meinung und besuchte ihn regelmäßig. Als einmal ein Arzt dabei war, sagte ich meinem im Koma befindlichen Mann, er solle mir die Hand drücken. Er drückte mir nicht die Hand, aber er streichelte sie! Er hatte also doch verstanden. Ich nehme an, er drückte mir nicht die Hand, sondern streichelte sie, damit auch der Arzt das sehen konnte.

Nach dem Tod meines Mannes suchte ich mir eine Tätigkeit und arbeitete an der Kasse im Freibad Ohlsdorf und bei Karstadt. Den Führerschein hatte ich schon in den 50er Jahren gemacht, hatte aber keine Fahrpraxis, weil mein Mann meinte, nur er könne gut Auto fahren. Nun gab mir meine Tochter Fahrstunden und ich konnte das Auto nutzen. 1989 und 1993 machte ich mit einer Cousine mit dem Wohnmobil Rundreisen in West- und Ostkanada. Andere Reisen führten mich unter anderem nach Budapest und Paris. Ängstlich war ich bei diesen Reisen nicht und bin es auch sonst nie gewesen. Nur wenn meine Kinder abends weggingen, machte ich mir Sorgen. Das ist noch heute so und hängt sicherlich mit meiner Erfahrung zusammen, mir sehr nahestehende Menschen von einem Tag auf den anderen verloren zu haben und nie wieder mit ihnen sprechen oder sie umarmen zu können.

Ich finde, dass ich trotz leidvoller Geschehnisse ein wunderbares Leben hatte: Eine schöne und sorgenlose Kindheit, eine Jugendzeit voller Erfahrungen, auch Schrecknisse, in einer guten Gemeinschaft. Das ist, denke ich, das Fundament eines erfüllten und zufriedenen Lebens.

Das Fotoalbum eines Kriegskindes

Aufgezeichnet im Sommer 2014 von Ursula Weise

Ich kenne Julia schon seit Jahren und wir sehen uns regelmäßig zu verschiedenen Anlässen. Jetzt sitzen wir in ihrem Wohnzimmer und versuchen, anhand ihres Fotoalbums die Kindheit wieder aufleben zu lassen.

Julia ist 1936 in Hamburg-Barmbek geboren. Auf den ersten Seiten des Fotoalbums sehe ich ein Baby mit Vater und Mutter. Sie ist das einzige Kind ihrer Eltern geblieben, geliebt und bewundert von der ganzen Familie. Ich sehe viele Fotos, auf denen sie im Kreise ihrer vielen Vettern und Cousinen zu sehen ist. Julia erinnert sich an ihr schönes Kinderzimmer. Sogar an die kindgemäße Tapete erinnert sie sich detailgenau. Sie war eine begeisterte Puppenmutter und hatte viele Puppenkinder. Die Lieblingspuppe hieß Seppel. Auf den vielen kleinformatigen Schwarzweißfotos im Album mit Verwandten oder Spielkameraden erkennt man Julia leicht an dem großen „Butterlecker", einer weißen Haarschleife, die meistens ihren Kopf schmückt.

Inzwischen war Krieg. Der Vater war an der Front und die Mutter arbeitete als Buchhalterin und hatte auch die Heuer, das heißt die Gehälter für Seeleute zu berechnen, die auf Walfangschiffen fuhren. Julia ging in den Kindergarten, 1942 wurde sie eingeschult. Trotz Kriegszeiten sehe ich sie als Erstklässlerin mit einer großen Schultüte im Arm auf einem Foto. Viele Eltern haben ihre Kinder in dieser Zeit, als der Krieg näher rückte, in die Kinderlandverschickung gegeben. Nicht so Julias Mutter. Sie konnte es wohl nicht ertragen, sich von ihrem einzigen Kind zu trennen, war doch schon ihr Ehemann im Krieg.

1943 wurde das Haus, in dem Julia mit ihren Eltern wohnte von Bomben getroffen und brannte aus. Vor den zu erwartenden Angriffen wurde allerdings vorher gewarnt. Julia und ihrer Mutter gelang rechtzeitig die Flucht und sie sind in Poppenbüttel in der Kleingartenlaube von Bekannten untergekommen. Man musste fast alles zurücklassen, aber Julias Mutter kannte ihr Kind und wusste, was sie wohl am meisten vermissen würde. Sie fuhr mit dem Fahrrad noch mal zurück in die Wohnung und rettete neben anderen Dingen die Lieblingspuppe Seppel. Sie band sie sich für den Transport um den Hals und erntete dafür bei Bekannten, die sie bei ihrer Tour sahen, Gelächter und Spott. Julia und ihre Mutter waren erst einmal in Sicherheit. Andere Bewohner ihres Wohnhauses konnten sich retten, indem sie aus dem brennenden Haus und durch die enge Straße mit nassen Wolldecken über dem Körper flohen.

Julia 1937 mit der Lieblingspuppe „Seppel" im Arm

Nachdem Julia und ihre Mutter die Ausbombung glücklich überlebt hatten, wohnten sie für einige Wochen zunächst bei den Schwiegereltern von Julias Patentante „in der Lühe", direkt hinter dem Deich. Als

Guschi, der jüngste der drei Söhne ihrer Gastgeber, als Soldat einmal auf Urlaub zu Hause war, ging er mit Julia an der Hand den steilen, grünen Deichhang hinauf. Als hinter diesem Berg die große, breite Elbe auftauchte, war das für Julia ein großartiges Erlebnis. Sie mochte Guschi sehr und schwärmte für ihn. Während dieser Zeit an der Lühe ging sie dort auch für ca. 6 Wochen zur Schule und lernte in den Pausen und außerhalb der Schule Plattdeutsch sprechen. Mit feuchten Augen erzählt sie, wie sie später erfahren hat, dass alle drei Söhne der Gasteltern im Krieg gefallen sind.

Danach nahm Tante Ilse, eine Freundin der Mutter, die kleine Familie bei sich auf. Tante Ilse, selbst Mutter von zwei Söhnen, hat Julia am Tage betreut. Sie war sehr musikalisch und prägend für Julias Entwicklung. Durch die beiden Söhne hatte Julia so etwas wie einen Ersatz für Geschwister und es gab auch öfters mal Streit, wie bei Geschwistern, wer bei welchen Hausarbeiten zu helfen hatte. Julia erinnert sich, dass man aus Angst vor Bombenangriffen fast immer im Keller schlief.

Julia hatte seit ihrer Einschulung nur ein Jahr in der Volksschule verbracht, dann schlossen die Schulen. Von da an hatte Julia nur unregelmäßigen Unterricht. Ein paar Wochen an der Lühe, dann ein paar Monate Privatunterricht bei einer pensionierten Lehrerin, mal wurde sie in Alsterdorf angemeldet, musste dazu aber eigentlich in Alsterdorf wohnen. Man meldete sie also als wohnhaft bei Bekannten an, bei denen sie natürlich nicht wohnte. Ihr langer Schulweg zu Fuß, von Barmbek nach Alsterdorf, führte zur Abkürzung über eine Wiese. Wenn dort Kühe weideten und Julia Angst hatte, musste sie einen weiteren Weg nehmen und kam zu spät in den Unterricht. Irgendwann flog diese ganze Sache auf und die Schulbildung musste wieder zurückstehen.

Julia 1939

1945 kam der Vater aus dem Krieg zurück. Julia erinnert sich, dass der völlig heruntergekommene und verhärmte Mann ihr einen Riesenschreck einjagte und ihr wie ein Gespenst vorkam. Er war ihr völlig fremd geworden. Die Oma hat sie dann in die „Pro" geschickt, um etwas Milch zu kaufen, denn es sollte wegen der glücklichen Heimkehr des Vaters ein Festessen aus in Milch gestowten Steckrüben geben. Julia war vor Schreck und Aufregung ganz schlecht geworden. Nun wohnte auch noch der Vater bei Tante Ilse.

Diese hatte ein Klavier und fragte Julia eines Tages, ob sie gerne Klavierspielen lernen wolle. Julia wollte gerne und wurde von Tante Ilse zum Klavierunterricht geschickt - heimlich. Ihre Mutter wusste nichts davon, nur der Vater war eingeweiht. Am nächsten

Weihnachtsfest überraschte Julia die Mutter, setzte sich ans Klavier und spielte ein Weihnachtslied. Sicherlich wusste Julia da noch nicht, wie sich ab jetzt die Musik wie ein roter Faden durch ihr ganzes Leben ziehen sollte.

Nach Ende des Krieges wurden die Schulen wieder geöffnet und Julia kam in eine neue Schule. Heute sagt sie manchmal, wenn sie etwas nicht weiß - vor allem im Rechnen - mit einem kleinen Augenzwinkern, dass sie nichts dafür könne, weil sie ja keine regelmäßige Schulausbildung genossen habe.

Dann, 1946, zog man bei Tante Ilse aus, denn man hatte eine neue Wohnung in Hoheluft gefunden. Wieder eine neue Schule! Sie wohnten im 4. Stock eines Wohnhauses, das noch ziemlich beschädigt war. Kurz vor dem Umzug hatte Julia ein eigenes Klavier bekommen, gebraucht gekauft von einer alten Dame. Heute steht es in ihrem Wohnzimmer. Dieses Instrument musste natürlich auch mit. An diese Transportunternehmung in den 4. Stock kann sich Julia noch gut erinnern. Auch daran, dass ihr, mit gerade frisch gewaschenen langen Haaren, ein großes Stück vom Putz der Zimmerdecke, das sich gelöst hatte, auf den Kopf gefallen war.

Julia tobte mit ihren Freundinnen und anderen Kindern gerne draußen herum, war gerne in der Natur und ziemlich sportlich. Im selben Haus in Hoheluft wohnte im 3. Stock eine Familie mit einem etwas älteren Sohn, den Julia aber kaum zu Gesicht bekam, weil er meistens über seinen Büchern saß. Julia konnte damals nicht ahnen, dass sie diesen „Stubenhocker", wie sie ihn nannte, einmal heiraten würde.

Nach der Volksschule ging Julia dann in den so genannten Oberbau. Wir würden heute Mittelschule oder Realschule sagen. Hier hatte sie einen Lehrer, von dem sie viel profitieren konnte. Er wohnte in einem Raum direkt neben den Klassenzimmern in der Schule. Bei Ausflügen und Klassenfahrten hat er seinen Schülern vor allem viel botanisches Wissen vermittelt. Davon kann Julia heute noch zehren. Julias Familie hatte inzwischen auch einen Schrebergarten in Ohlsdorf und konnte sich so großenteils gesund und frisch ernähren.

Im Fotoalbum findet man jetzt viele Fotos von Ausflügen ins Hamburger Umland. Sie war zum Wandern in der Heide, in Puan Klent auf Sylt im Ferienlager und mit und ohne Eltern in Königswinter und auf dem Drachenfels, weil dort Verwandte wohnten.

Julia war im Sportverein aktiv und vielseitig interessiert. Bald darauf war die Schulzeit vorbei und Julia begann eine kaufmännische Ausbildung; nicht weil ihr das so gut gefiel, aber weil die Eltern es so gewünscht hatten. Hier endet auch das Fotoalbum.

In diese Jahre, am Ende der Kindheit fiel auch ihre Konfirmationszeit. In ihrer Gemeinde fühlte sie sich sehr wohl, besonders durch den damals diensthabenden Pastor. Dann trat sie auch in die Kantorei der Gemeinde ein. Eine besonders schöne Zeit, weil sie dort mit ihrem späteren Ehemann, ihrem Hausgenossen aus dem Eppendorfer Weg, zusammen sein konnte. Die Freude an ehrenamtlicher Arbeit in der Kirche und als Chormitglied im Kirchenchor hat sich bis heute fortgesetzt.

Später hat Julia noch das Musizieren auf weiteren Instrumenten erlernt. Sie, ihr Ehemann, die Kinder und heute auch drei der neun Enkelkinder spielen alle unterschiedliche Instrumente und können daher zusammen Hausmusik machen. Bis heute wendet Julia ihre Musikalität und ihre Fähigkeiten im Orchester und beim Musizieren im privaten Rahmen gerne an.

Der Krieg hat ihre Kindheit stark beeinflusst, hat aber auch Grundlagen gelegt für manche positive Entwicklung in ihrem Leben.

Es begann in der Elchniederung
Hirsebrei und Kälberzähne

Aufgezeichnet im Frühjahr 2014 von Birgit Wiedenmann-Naujoks

Ein wenig aufgeregt sitze ich am Tisch, mir gegenüber meine Interviewpartnerin. Wache, blaue Augen schauen mich an. Um die Herkunft meiner Gesprächspartnerin wissend, hole ich eine Karte von Ostpreußen aus der Tasche. Meine Interviewpartnerin freut sich. Und als sie das sagt, fallen bei mir alle Aufregungsansätze in sich zusammen, klingt mir doch der warme, weiche, vertraute Dialekt meiner Großmutter, das demnächst sicher ausgestorbene Ostpreußisch, in den Ohren. Plötzlich fühle ich mich geborgen und wohl, und ich weiß, egal, was mir an möglicherweise furchtbaren Dingen erzählt werden wird, ich werde die Kraft zum innigen Zuhören haben.

Erika wird 1931 im Sommer geboren als sechstes Kind. Die Kinder, fünf Mädel, ein Junge, haben untereinander alle große Abstände, so dass ein Miteinanderspielen der Geschwister wohl kaum stattgefunden hat. Die Mutter, Jahrgang 1887, ist vor der Heirat Magd auf einem Hof. In der Heiratsurkunde steht „Dienstbotin". Der Vater, geboren 1885, ist Instmann. Er hat sich um die Kindererziehung, wie damals sicher üblich, kaum gekümmert. Die Eltern erwerben 1930 eine Siedlungsstelle mit 3 Hektar Acker- und Weideland. Selbstverständlich wird zu Hause Platt gesprochen. Die größte Schwester ist bereits aus dem Haus, sie ist 20 Jahre älter als Erika und arbeitet als Wirtschafterin in einem Arzthaushalt in Kaukehmen. Wenn sie an den Wochenenden nach Hause kommt, dann will sie die jüngste Schwester gern „erziehen". Oft zieht Erika sich bei solchen Gelegenheiten dann in den Stall zurück, um dem Kälbchen die Hand zum Saugen zu geben oder das Pferd zu striegeln oder das Kaninchen zu streicheln und außerhalb des Käfigs hoppeln zu lassen.

Erika betrachtet das Bild und sagt:
Rechts das Wohnhaus, jetzt übertreibe ich, links das "Wirtschaftsgebäude" (Stall und Scheune). Zwischen Wohnhaus und Stall/Scheune im Hintergrund ein Gebäude, das auf dem Foto nicht erkennbar ist. Das ist der Schuppen, in dem Brennholz, Steinkohle, Briketts gelagert wurden und der Ackerwagen wettergeschützt untergestellt war. Vor der linken Scheunenecke das so notwendige Häuschen. Ich kann es mir gar nicht mehr vorstellen wie wir dorthin durch tiefen Schnee und eisiger Kälte gestiefelt sind. Der Nachttopp unter dem Bett war da unerläßlich. Und die zwei im saftigen Grün grasenden Kühe auf der Weide, die sicherten unter anderem die Selbstversorgung und ein zusätzliches Einkommen."

Die Familie ist Selbstversorger. Sie besitzt ein Pferd, zwei Kühe, Schweine und Geflügel, und dass die Kinder mithelfen müssen, ist eine Selbstverständlichkeit. Heu wenden und Getreidegarben binden macht Erika nicht so gerne, aber wenn es ans Einfahren der Ernte geht, dann darf sie das Pferd führen – und als sie das erzählt, leuchten ihre Augen. Das Heu wird lose auf den Wagen geladen, damals wird es noch nicht, wie heute üblich, in Ballen gepresst. Das Fuder so zu laden, dass es die Fahrt bis auf den Hof übersteht, ohne umzukippen, ist eine Kunst.

Auch in den umliegenden Gehöften gibt es keine Gleichaltrigen zum Spielen. Die Tiere sind die Spielkameraden der Kindheit, und Erika liebt die „lieben Tiere" über alles. Die größte Freude ist es, wenn sie mit den Tieren arbeiten darf, z.B. das Pferd reiten. Besonders im Winter ist Erika viel mit „Hasso", dem Hofhund, unterwegs. Große Verbote gibt es nicht. Hin und wieder ermahnt die Mutter Erika, wenn diese aber uneinsichtig ist und dennoch tut, wozu sie Lust verspürt, gibt es kein Schimpfen, keine Bestrafung. Einmal wird eine Bestrafung angedroht. Da ist Erika mit dem Fahrrad unterwegs gewesen und zu spät nach Hause gekommen. Die Mutter benötigt das Fahrrad, um dem Vater das Vesperbrot zu bringen.

Neuhof-Reatischken (1938-1945: Budeweg), der Geburtsort von Erika, ist eines von den vielen Streudörfern in der Elchniederung. Neuhof-Reatischken liegt dicht an der Gilge, einem Mündungsarm der Memel. Die Memel heißt ab dieser Stelle bis zur Mündung „Ruß". Etwas über 100 Menschen leben hier, aber eben verstreut. So ist die Schule einklassig, der Lehrer eine Respektsperson. Wenn er den Raum betritt, erheben sich alle Kinder und setzen sich erst wieder nach dem „Setzen!" des Lehrers. Morgens spielt er auf dem Harmonium, das rechts neben der Klassentür steht, jeden Tag das gleiche Lied, das alle Kinder mitsingen, dann erst beginnt der Unterricht. Der Lehrer versucht nicht, die Kinder politisch zu manipulieren. An des Führers Geburtstag wird aber trotzdem die Flagge gehisst, alle stehen im Kreis um den Fahnenmast, das Horst-Wessel-Lied wird gesungen, der Arm gestreckt bis in Nasenhöhe zum „Heil Hitler" Gruß erhoben. Erika wurde bereits mit fünf Jahren eingeschult, es war ihr unbedingter Wunsch gewesen, zur Schule zu gehen, und so geht sie gern, die Ferien sind ihr manchmal zu lang. In den Ferien während des Krieges sammelt Erika eifrig Heilkräuter. Diese werden auf der Lucht getrocknet. Gesammelt werden Schafgarbe, Ackerschachtelhalm, Frauenmantel, Hirtentäschel, Gundermann, Brombeerblätter, Himbeerblätter, Lindenblüten, Mutterkorn – und Erika sammelt so emsig, dass sie ihre Ernte mit Pferd und Hehlwagen zur Schule fahren muss. Hier werden sie in der Rechenstunde gewogen, und je nach Gewicht und Kräuterart werden kleine Geldbeträge ausgezahlt.

Im Herbst gibt es drei Wochen „Kartoffelferien", dann helfen alle Kinder beim Kartoffellesen mit. In großen Körben werden sie gesammelt, und oft ist morgens die Erde noch sehr kalt, so dass die Finger frieren. Die Helfer gehen von einem Bauern zum nächsten, die Bauern stimmen sich untereinander ab. Als Entlohnung gibt es pro Tag drei Reichsmark. Am Ende der Kartoffelferien kommen manchmal 30 Reichsmark an Lohn zusammen. Die Pausen sind immer besonders schön, schon vorher wird Ausschau gehalten. Oft gibt es dann zum Muckefuck Streuselkuchen.

Erika wäre gern in die Mittelschule gegangen, ihr Traum ist es, danach zur Lehrerinnenbildungsanstalt zu gehen und Lehrerin zu werden. Dort wird man mit einem guten Volksschulabschluss aufgenommen. Aber das Schulgeld ist viel zu hoch, der Vater kann sich das nicht leisten. Da die Mittelschule in Neukirch ist, wären noch Kost und Logis hinzugekommen.

Der Schulweg nach Nassenfelde (ehemals Andreischken) ist ungefähr dreieinhalb Kilometer lang, er wird fast immer zu Fuß zurückgelegt. Im Winter – die Winter sind hart und schneereich – ist es oft beschwerlich. „Frostfrei" gibt es im Winter ebenso wenig wie im Sommer „Hitzefrei". Man hat einen Schlitten mitgenommen, und wenn man Glück hat, darf man sich bei einem der Schlitten, mit denen die Milch zur Molkerei gebracht wird, in die unten hinten am Schlitten befindlichen Haken einhaken und ziehen lassen. Einmal setzt Erika sich auf dem Nachhauseweg beim Herunterrutschen vom Gilgedamm auf ihren Tornister. In diesem befindet sich aber die Schiefertafel, die dabei zerbricht. Das ist ein Unglück, denn eine Schiefertafel kostet viel Geld, und sie muss ersetzt werden. In der Klasse steht ein großer Ofen, so dass es auch im Winter wohlig warm ist. Nach der Schule dient der Deich der Gilge als Rodelbahn. Wettstreite werden ausgeführt, wer am weitesten kommt. Einige Kinder haben Schlittschuhe und laufen auf der zugefrorenen Gilge Schlittschuh.

Überhaupt liebt Erika den Winter. Die Fensterscheiben haben häufig wunderhübsche Eisblumen. Man kann dort ein Guckloch hineinhauchen. Oder man kann draußen auf den zugefrorenen Pfützen auf den Wiesen „schorren". Darunter leiden aber die Sohlen und Absätze der Schuhe, so dass sich Erika dafür „Schlorren" oder „Klumpen" anzieht.

Der Winter ist Dreschzeit. Auch hier müssen die Kinder selbstverständlich helfen. Der Ackerschlepper, der die Dreschkästen antreibt, fährt nacheinander die Gehöfte an. Während die Großen die Garben aufbinden, die Säcke wechseln und die anderen körperlich schwereren Arbeiten machen, müssen die Kinder die Spreu wegfegen, die auf einer Seite des Dreschkastens herausgeblasen wird. Es sind große Mengen an Spreu, die fortgeschafft werden müssen. Auf dem elterlichen Hof sind Erika und ihre Schwester dafür zuständig. Besonders unangenehm ist die Drusch von Gerste, weil die Grannen so furchtbar pieksen.

Erika ist im Jungmädelbund und genießt vor allem die gemeinsamen sportlichen Aktivitäten. Die Mutter hat bei den Veranstaltungen oft gesagt, Erika könne nicht hingehen, das Heu müsse gemacht werden oder etwas anderes sei wichtig. Erika hat immer gespürt, dass es der Mutter missfällt, dass ihre Tochter dort mitmacht, offen ausgesprochen wird das aber nie. Im Rückblick hat die Mutter vermutlich über die Indoktrination Bescheid gewusst und versucht, diesen Einfluss soweit wie möglich zu begrenzen.

Der einzige Bruder wird zu Beginn des Krieges eingezogen. Vom Krieg bekommt die Familie aber sonst nichts weiter mit. Erst, als die Bombardierungen auf Tilsit und Königsberg stattfinden, merkt die Familie, dass der Krieg auch sie erreichen wird. Der Hof hat keine Elektrizität, somit auch kein Radio. Licht gibt es aus Petroleumlampen. Im Haus gibt es als Lesestoff die Bibel und ein Gesangbuch – und als Verbindung zur Außenwelt die Tageszeitung.

Die Bevölkerung wird aufgerufen zu spenden, nicht nur Geld, sondern auch Sachen. Erikas Mutter strickt Stulpen und Kopfschutze. Erika sammelt entlang der Gilge Brombeeren, aus denen die Mutter Saft zum

Spenden kocht. Erika ist stolz, dass auch sie etwas beitragen kann.

Im Februar 1944 kommt ein Parteimitglied in Uniform zum Hof. Da es vom Bruder schon drei Monate lang keine Nachricht gegeben hat, fürchten alle das Schlimmste, aber die Hoffnung mochte niemand aufgeben. Beim Anblick des Parteimitgliedes ahnen alle die furchtbare Nachricht. Der Bruder ist in Russland im Alter von nur vierundzwanzig Jahren gefallen. Nachdem der Überbringer der Nachricht das Haus verlassen hat, reißt die Mutter das Hitlerbild von der Wand und zertrampelt es voller Zorn. Erika hat Angst und spürt, dass da etwas ganz und gar nicht gut ist.

Im Oktober 1944 kommt der Russe bis an die Memel. Am 17. Oktober beginnt die Flucht für Vater, Mutter, die große Schwester und Erika mit einem Pferdewagen, über den noch eilig ein Verdeck geschlagen wird. Im festen Glauben, wieder zurückzukehren, wird das Porzellan, das man ja nicht alles mitnehmen kann, im Garten vergraben, in der irrigen Annahme, dort sei es sicher und würde von den Russen nicht gefunden werden. Obwohl die Flucht sicherlich gefährlich ist, erlebt Erika diese Zeit eher als „großes Abenteuer" denn als reelle Bedrohung. Die bis dahin unbeschwerte Kindheit findet allerdings mit der Flucht ein jähes Ende. Dass es ein Abschied für immer sein könnte, kommt Erika gar nicht in den Sinn. Übernachtet wird in Scheunen, die Lagerstatt wird auf Stroh aufgeschlagen. Nach der ersten Nacht ist überall Raureif. Die Flucht endet in Klein Hubnicken, einem Ort nordwestlich von Königsberg, dicht an der Ostsee. Hier geht Erika weiter zur Schule, die hier aber mehrere Klassen hat. Der Unterricht ist längst nicht so gut wie der in der einklassigen Schule.

Im Rückblick sagt Erika:

„Was mögen die Eltern empfunden haben, Haus und Hof zurückzulassen, die Tiere, die Felder, all das, wofür man bislang Sorge getragen hat, einfach sich selbst zu überlassen? Aber als Kind denkt man über so etwas nicht nach."

Im Dezember 1944 wird der Vater zum Volkssturm eingezogen.

Zum Konfirmandenunterricht fährt Erika mit dem Fahrrad nach Palmnicken. Dort ist der große Bernsteintagebau. Auf dem Weg zum Konfirmandenunterricht durch den Schnee wundert sich Erika eines Tages, es ist Ende Januar 1945, weil alle Straßen verlassen scheinen, die Gardinen an den Fenstern sind überall zugezogen, alle Häuser wie ausgestorben. Im Schnee am Straßenrand sind teilweise Verfärbungen zu sehen, die an Blutlachen erinnern. Es ist aber eine Zeit, in der man niemanden fragt, was denn das zu bedeuten hätte, instinktiv weiß man wohl, dass Schweigen besser ist. Später erfährt Erika, dass in der Nacht zuvor ein Todesmarsch hier entlanggegangen war und das Blut von erschossenen Juden stammte, vermutlich vom Massaker von Palmnicken. Über diesen Vorfall wird zu Hause niemals gesprochen, es wird nichts gefragt, nichts erzählt, irgendwie ist da eine tiefe, tiefe Scham, vielleicht sogar verbunden mit Angst, die das verhindert.

Die Einnahme von Tilsit und auch die Schlacht um Königsberg bekommen Mutter und Tochter nicht mit, aber die Mundpropaganda erreicht die beiden, und sie wissen, dass der Russe nun nicht mehr weit ist. Erika glaubt dennoch fest an den Sieg, sie wartet sehnsüchtig, dass doch endlich die versprochenen Wunderwaffen V1 und V 2 zum Einsatz kommen, denn dann kommt der versprochene Endsieg. Von der Waffe selber hat Erika damals überhaupt keine Vorstellung, vertraut aber der Propaganda fest. (Die Waffe sieht Erika viel, viel später im Technikmuseum in Washington DC.) Der Vater hatte nicht an den Sieg geglaubt. Die große Schwester B. ist zur ganz großen Schwester nach Posen gereist. Ängstlich wartet man auf das, was kommen wird. Um Erika zu schützen, verkleidet die Mutter die junge Tochter als alte Frau, was aber nicht den gewünschten Erfolg hat. Warum das alles geschieht, wird aber nicht weiter besprochen, es wird überhaupt vieles nicht besprochen. Über allen Geschehnissen liegt so etwas wie eine sprachlose Scham.

Im April 1945 kommen die Russen, sie sagen Mutter und Tochter, sie mögen doch bitte „nach Hause" gehen, dort könnten sie leben wie zuvor. Also machen Mutter und Tochter sich auf den Weg, im festen Glauben, sie würden wieder nach Hause kommen. Sie kommen aber nicht nach Hause, sondern werden in Massenquartieren auf verlassenen Bauernhöfen am Kleinen Fried-richsgraben (früher Greituschke) angesiedelt, etwa 12 km vom Heimatdorf entfernt. Klein Friedrichsgraben gehört zur Kommandantur Seckenburg, hier sind viele Russen stationiert. Den Angesiedelten wird gesagt, sie müssten sich selber versorgen, sonst hätten sie nichts zu essen, von den Besatzern bekämen sie nichts. Die Mutter von Erika ist eine fleißige Frau. So legen sie Gemüsebeete an und suchen in den verlassenen Häusern nach Saatgut. Auf die Weise müssen sie nicht hungern. Eine ebenfalls angesiedelte Frau, die meint, alles würde ohnehin ganz anders kommen, und die daraufhin nichts sät und nichts bestellt, muss tatsächlich hungern!

Erika geht hin und wieder durch verlassene Häuser, stöbert in den Hinterlassenschaften, sieht zum Beispiel, ob es noch benutzbare Kleidung gibt, nimmt, was sie glaubt, noch gebrauchen zu können. Niemand hindert sie daran. So findet sie z.B. ein paar weiße, hochhackige Leinenpumps. Eigentlich sind sie Erika zu klein, aber sie trägt sie trotzdem.

Die Frauen und Mädchen werden zu Arbeitseinsätzen herangezogen, müssen in den Kollektivwirtschaften mitarbeiten, z.B. in Mägdeberg, Gilkendorf und Iwenberg. Es ist inzwischen Herbst, und die Ernte muss eingebracht werden. Natürlich geschieht auch hier alles immer unter strenger Bewachung; das aufgepflanzte Bajonett und das schussbereite Gewehr sind immer präsent.

Die Frauen und Mädchen müssen von Bauernhof zu Bauernhof ziehen, um das noch im Vorjahr, also 1944, eingefahrene Getreide zu dreschen. Stets und ständig sind sie bewacht von Soldaten mit Gewehr und aufgepflanztem Bajonett. Geschlafen wird auf der Lucht in den verlassenen Bauernhäusern, die unteren Etagen sind stets den Bewachern vorbehalten. Aber die Frauen und Mädchen sind so beschützt. Statt eines Nachttopfes gibt es nur leere Milchkannen, die dann morgens geleert werden müssen. Nachts darf niemand aus dem Haus. Morgens muss dann um die Milchkannenplätze herum saubergemacht werden, aber es gibt niemals genug Wasser zum Wischen.

Mit einem Dreschkasten werden die Körner aus den Ähren geholt und in Säcke verpackt, dabei gelingt es den Mädchen und jungen Frauen ab und zu, einen Sack nach Hause zu schmuggeln. Auf dem Fuhrwerk, mit dem die Mädchen manchmal nach getaner Arbeit zurückgefahren werden, sitzen sie auf ihren gestohlenen Säcken, die notdürftig mit Stroh abgedeckt sind. Sollen das die Bewacher tatsächlich nie mitbekommen haben? Gesagt hat nie einer etwas. Zu Hause wird das Getreide mit der Kaffeemühle zu Mehl gemahlen

Die Russen „fischen" mit Granaten. Ein Sprengkörper wird dazu ins Wasser geworfen, wo er explodiert. Durch den Druck platzen den Fischen die Schwimmblasen, sie treiben danach tot an der Wasseroberfläche. Die großen Fische werden von den Russen abgefischt, die kleinen bleiben, sie werden auch von Erika und ihrer Mutter eingesammelt. Das wird von den Russen geduldet. Die Mutter von Erika geht auch manchmal im Winter Hechte fischen und kommt danach immer mit einigen zurück. Dazu wird in den zugefrorenen Fluss eine Wuhne geschlagen, und wenn die Hechte zum Luftschnappen nach oben kommen, können sie mit einem Kescher herausgefischt werden. Sie werden zum Teil durch Trocknen haltbar gemacht.

Nach der Kartoffelernte wird hin und wieder Kartoffelmehl gemacht. Dazu werden die Kartoffeln fein gerieben, aufgeschwemmt, die Stärke setzt sich ab. So muss nicht gehungert werden.

Die Waschlauge zum Waschen der Wäsche wird mit Holzasche und ausgeglühter Holzkohle aufbereitet.

Irgendwann 1945 kommt ein Soldat und holt ein paar junge Mädchen und Frauen ab. Sie werden an den Gilgedamm gebracht, ihnen wird ein Spaten in die Hand gedrückt. Ein russischer Soldat liegt dort in der Böschung der Gilge, tot, er soll mit Erde bedeckt werden. Erika beschreibt das Geräusch, das entsteht, wenn Erde auf einen toten Körper geworfen wird: hohl, dumpf, und der Schrecken dieser Minuten ist auch nach so vielen Jahren im Raum greifbar. Nach getaner Arbeit dürfen die Mädchen wieder „nach Hause".

Im Winter 1945/1946 wird Erika sehr krank, sie hat hohes Fieber und sehr starken Schüttelfrost. Irgendwie gelingt es der Mutter, Chemie bzw. Medizin zu organisieren. Wie? Erika weiß es nicht, aber sie wird wieder gesund.

Die Elchniederung liegt zum größten Teil unterhalb des Meeresspiegels, überall waren in Friedenszeiten Hebewerke im Einsatz, um das große Gebiet zu entwässern und so eine Bewirtschaftung und Besiedlung zu ermöglichen. Im Frühjahr 1946 bricht bei Kloken der Damm der Ruß, eine Hochwasserkatastrophe ist die Folge (das gesamte Entwässerungssystem bricht zusammen), von der Erika und ihre Mutter aber, da sie ja süd-östlich der Gilge leben, nicht direkt betroffen sind. Nun aber werden die Mädchen und jungen Frauen zum Arbeitseinsatz abgeholt, um Sand zu schaufeln und zu karren. Das Loch im Damm soll geschlossen werden. Die Arbeit ist körperlich sehr schwer, und auch hier stehen wieder überall bewaffnete Wachen. Der Damm wird vorerst notdürftig repariert und er hält. Im Winter 1946/1947 werden dann erneut Mädchen und Frauen zum Arbeitseinsatz am Damm geholt, um die Deichreparatur fertigzustellen. Die Frauen und Mädchen werden in ehemaligen Massenquartieren von Kriegsgefangenen in Kaukehmen untergebracht. Morgens geht es in Kolonne zum Arbeitseinsatz, abends in Kolonne wieder zurück ins Barackenlager.

Auf dem Weg vom Arbeitseinsatz zum Schlafen, in der Dämmerung – immer in Kolonne, von bewaffneten Soldaten bewacht – schleicht sich Erika hin und wieder in einem günstig erscheinenden Moment aus der

Kolonne weg, versteckt sich auf einem Trümmergrundstück, um dann, wenn die Gefahr, entdeckt zu werden, vorbei scheint, zu Fuß zur Mutter nach Hause zu gehen. Zehn Kilometer sind das mindestens, vor Mitternacht ist Erika nie angekommen. Unterwegs geht es an einem von Russen besetzten Gutshof vorbei, da hat Erika jedes Mal Angst. „Wenn der Mond schien", so sagt sie, „war das ungünstig, man hätte so leicht entdeckt werden können. Und irgendwann war der Schnee so laut, er hat geknirscht, so dass man weit hören konnte, dass da jemand geht." Zum Glück haben die Russen Erika nie entdeckt. Die damals empfundene Angst klingt bis heute in ihrer Stimme nach.

Zu Hause bei der Mutter ist die Freiheit aber nie lang, es kommt immer ein Aufseher, um Erika wieder „einzusammeln", da waren wohl zu viele auf dem Nachhauseweg „verschwunden". Von der Mutter gibt es dann immer einen großen „Kreppsch" gekochter Pellkartoffeln mit auf den Weg. Der hält meist so um die drei Tage, ab da wird dann wieder nach einer Gelegenheit gesucht, um zur Mutter zu entwischen.

Am 26. Juni 1947 steht ein Soldat vor der Tür, um Erika abzuholen. Der Mutter wird gesagt, die Tochter wäre in ein paar Tagen zurück. Erika wird nach Britannien gebracht und in eine Garage gesperrt. Um die Notdurft zu verrichten, darf sie diese verlassen und einige Meter weiter auf das Trümmergrundstück gehen, wo die Garage steht. Ein Soldat mit Gewehr und aufgepflanztem Bajonett steht die ganze Zeit dabei und bewacht Erika. Nach Tagen – wieviele mögen es gewesen sein?- wird Erika in ein Gefängnis nach Königsberg gebracht. Als die Zellentür geöffnet wird, sieht sie vor sich ein leeres Verließ. Nackte, kahle

Betonwände, nackter Fußboden, nackte Betondecke, oben ein kleines vergittertes Fenster, durch das man eine aschfahle Wand sehen kann, keine Sonne, kein Himmel, keine Sterne, kein Mond. In der Ecke steht der Latrineneimer, sonst nichts, keine Pritsche, kein Hocker. Einmal am Tag darf Erika unter strenger Bewachung die Zelle verlassen, um den Latrineneimer zu leeren. Da kann sie den Himmel und die Sonne sehen, sofern sie scheint. Wenn sie sich während des Latrinengangs ganz, ganz lang reckt, kann sie hin und wieder durch die schmalen Fensterschlitze kurze Blicke auf grüne Blätter erhaschen. Zu essen gibt es in den nächsten drei Jahren tagein, tagaus dünne Kohlsuppe, ein klietschiges Stückchen Brot, zu trinken dünnen Tee und einen Löffel Zucker. Erika hat eine Wunde am Bein, die sich entzündet hat und immer größer wird. Ärztliche Versorgung gibt es nicht. Das Abpulen des Schorfs verändert die Wunde nicht zum Guten, Erika bekommt ein wenig Angst. Eines Morgens krümelt sie etwas von der Tagesration Zucker über die Wunde und wiederholt das ein paar Tage – ab da verheilt die Wunde. Schlafen muss Erika ohne Decke, ohne Unterlage, ohne alles, auf dem nackten Betonfußboden. Wie lange sie hier war? Erika kann es mir nicht genau sagen, vermutlich so um die drei Monate, aber es muss eine gefühlte Ewigkeit gewesen sein. Gerade einmal 16 Jahre alt, auf sich allein gestellt, in einem russischen Gefängnis unter solchen Umständen - ich kann mir gar nicht vorstellen, dass man das aushalten kann. „So war das eben, man konnte ja nichts machen", sagt Erika.

Wie lange dauert so ein Tag ohne alles? Wie verbringt man ihn, ohne aufzugeben? Erika sagt: „Ich habe mich hingehockt, den Rücken an die Wand, ab und zu bin ich aufgestanden, ein paar Schritte gegangen, dann habe ich mich wieder hingehockt, und so den ganzen Tag gewartet. Ab und zu hat wohl ein Wachposten durch die Luke nach dem Rechten gesehen, man konnte hören, wenn die Luke geöffnet wurde."

Dann kommt der Tag der Gerichtsverhandlung. Wo es mir alleine beim Zuhören die Luft abschnürt vor Angst, was nun kommen mag, erzählt Erika, wie schön es dort war. Der Gerichtssaal ist hell und sonnendurchflutet, überall ist Sonnenschein, und draußen sind grüne Blätter an den Ästen der Bäume. Fast durchströmt Erika so etwas wie ein Glücksgefühl, wäre da nicht das Tribunal mit drei russischen hochrangigen Offizieren, die hinter dem Richtertisch sitzen. Der Tisch ist mit einem roten Tuch und der russischen Flagge bedeckt. An ihm sitzen der Richter, ein Dolmetscher und ein weiterer Mann. Ist es ein Beisitzer? Ein Verteidiger? Aber alle sitzen im Sonnenlicht. Wie lange muss Erika wohl vorher auf Sonnenschein verzichtet haben, dass nach weit über einem halben Jahrhundert noch mit so viel Staunen und Freude und Verwunderung berichtet wird, dass ein Raum sonnendurchflutet ist?

Der Dolmetscher übersetzt zwar, aber Erika ist kaum aufnahmefähig, sie genießt die Sonnenstrahlen. Sie wird nach ihrem Namen und Geburtsdatum gefragt, ob sie beim Reparieren des Dammbruchs geholfen habe, ob sie dort Sand gekarrt habe, Sand geschaufelt habe – und alles wird wahrheitsgemäß bejaht von Erika. Dann erfolgen das Urteil und die Begründung:

Während der Arbeiten am Dammbruch habe Erika „antifaschistische Lieder" gesungen. Da sie noch eine Jugendliche sei, würde sie mit drei Jahren Straflager „davonkommen". Erika bezeichnet sich selber als vollkommen unmusikalisch, sie hat ohnehin nie gesungen, und am Dammbruch hat auch sonst niemand gesungen. Erika hört aus den Ausführungen des Dolmetschers heraus: Eine Gruppe von Frauen hat ein Spottlied auf die Russen erfunden und dort gesungen. Die verurteilten Nicht-Jugendlichen haben fünf bzw. sieben Jahre Arbeitslager als Strafe erhalten.

Nach der Verurteilung muss Erika auf einer Sowchose in Szillen Feldarbeit verrichten. Die Verurteilten müssen die Felder bestellen, ernten, ackern: Kartoffeln, Teltower Rübchen, Getreide – und die jungen Mädchen sind fleißig. Trotz der eigentlich ja unfreiwilligen Arbeit geben sie sich Mühe, besser, akkurater oder schneller zu sein als die älteren Frauen. Dort machen die Frauen und Mädchen auch „Zappzerapp", sprich, sie begehen Mundraub. Sie werden aber nie erwischt. Nach einigen Arbeitseinsätzen geht es zu Fuß zurück zum Schlafplatz, alten Baracken auf Sowchosen, wo es nackte Pritschen gibt, keine Decke, wo sich vier Mädchen eine Pritsche teilen, sich gegenseitig wärmen. Es ist Winter und kalt. Umdrehen, um auf der anderen Seite zu liegen, geht natürlich nur im Päckchen, will eine sich drehen, müssen es ihr alle anderen gleichtun.

Zu Hause, in Reatischken, hatte Erika in der Zeitung stets die Fortsetzungsromane gelesen, außerdem ein geborgtes Buch von Hedwig Courths-Mahlers „Die Bettelprinzessin". Diese romantischen Geschichten aus der heilen Welt werden nun zum abendlichen Schatz. Nacht für Nacht bedrängen die Mädchen Erika: „Erzähl doch mal!", und Erika erzählt, Abend für Abend, was in der Erinnerung haften geblieben ist, bis die Mädchen erschöpft einschlafen.

Erika besitzt einen Wintermantel, der wohl von einem russischen Soldaten stammt, und Stiefel, aber keine Socken. Unter dem Mantel hat sie auch nur wenig anzuziehen, aber sie hat nie gefroren, daran kann sie sich gut erinnern.

Irgendwann in dieser Zeit bekommt Erika auch einmal kurz Besuch von der Mutter, sie stehen sich unter strenger Bewachung am Zaun des Straflagers gegenüber und dürfen kurz miteinander sprechen – vielleicht hatte die Mutter auch da einen Beutel mit Pellkartoffeln dabei?

Erika wird nach Königsberg ins ehemalige Kriegsgefangenenlager bei der Schichauwerft gebracht. Dort schlafen viele Frauen in einem Raum auf Doppelbetten. Das Licht in den Schlafbaracken brennt Tag und Nacht. Aufstehen ist morgens um sechs zum Appell. Abends gibt es ebenfalls einen Appell, um 24.00 Uhr wird über die Lautsprecher in den Baracken die Nationalhymne gespielt.

Zum Frühstück gibt es Tee und ein Stück Brotklietsch. Danach geht es in die Trümmer zum Steineklopfen. Die Steine werden, wenn sie geklopft sind, fein säuberlich gestapelt für den Abtransport. Ein Soll muss erfüllt werden. Für Leistung, die über das Soll hinausgeht, gibt es am nächsten Morgen mehr Brot. Erika hat mit anderen Häftlingen immer über Soll gearbeitet. Der Außenring des Steinstapels, der 1x1x1 Meter betrug, wurde mit sauber geputzten Steinen gebaut, die Mitte dann aber in unbeaufsichtigten Momenten mit Trümmern aufgefüllt. Den Wachen und Aufpassern kann das eigentlich gar nicht verborgen geblieben sein, es hat aber nie jemand etwas gesagt. Abends geht es zurück ins Straflager. Es gibt dünne Kohlsuppe. Wer noch Kraft hat, bemüht sich, sich zum Kartoffelschälen einteilen zu lassen. Das geht zwar bis 23 Uhr oder gar bis Mitternacht, aber als Belohnung gibt es einen extra

Teller Kascha nach getaner Arbeit, Brei also, entweder aus Hirse oder aber aus Kälberzähnchen, also Gerstengraupen. Die Krankenstation des Gefängnisses ist wohl stark frequentiert, es verhungern auch hin und wieder Menschen.

Dass auch in der Nacht das Licht in den Schlafbaracken brennt, hat einen ganz profanen Grund. Eine Aufpasserin hat die Aufgabe, dafür zu sorgen, dass die Schlafenden nicht von Ratten angefressen werden. Die kommen nämlich, groß wie Katzen, hässlich, mit rotem Fell, Abend für Abend aus ihren Löchern gekrochen und bedienen sich, wenn nicht aufgepasst wird, auch an Schlafenden.

Wenn Erika den Kopf vom Kopfkissen erhebt, laufen die Wanzen, die eben noch wohlig-warm vom Kopf bedeckt waren, sternförmig auseinander. Aus den Haaren fallen Läuse. Aber Erika ist scheinbar immun, ihr passiert nichts. Dabei gibt es alles an Ungeziefer, was man sich denken kann: Ratten, Wanzen, Läuse...

Die Toilettenbaracke hat die Toilettenöffnungen auf einer etwas erhöhten Bank aufgereiht, man muss zwei Stufen nach oben gehen. Viele Frauen sitzen nebeneinander auf den nicht voneinander getrennten Aborten (es ist, so sagt Erika, ein „stabiler Donnerbalken"), eine Aufpasserin, bewaffnet, ist natürlich auch immer dabei. Hin und wieder, sicherlich in regelmäßigen Abständen, müssen alle in die Banja, das russische Dampfbad, zum Entlausen und Duschen, auch die Kleidung wird wärmebehandelt, um die Läuse und die Nissen abzutöten.

Auf den Tag genau nach drei Jahren wird Erika aus dem Straflager entlassen. Sie steht in der vermeintlichen

Freiheit ohne Essen, ohne Kleidung, ohne Bleibe, ohne Bezugsperson, ohne Freunde oder Verwandte. Die Mutter wurde 1949, während die Tochter noch im Straflager war, mit anderen Zwangsarbeitern und anderen Deutschen zwangsausgewiesen, sie ist mittlerweile in Deutschland.

Erika hat eine Anlaufadresse mitbekommen, es ist wohl eine Art Sammellager, eine neu aufgeschlagene Baracke, wo aus allen Himmelsrichtungen Deutsche hinkommen. Dort angekommen, ist Selbstversorgung angesagt, also heißt es Arbeit suchen und Geld (Rubel/Kopeken) verdienen! Für eine Schlafmöglichkeit ist gesorgt. Erika geht in den Holzeinschlag, erneut wartet harte körperliche Arbeit auf sie. Über Flüsterpropaganda erfährt sie irgendwann von einer Familie, die eine Haushälterin sucht. Erika stellt sich vor und bekommt die Stelle. Die Dame des Hauses ist Ärztin, der Hausherr Offizier und fast nie zu Hause. Erika wird gut behandelt, die Familie ist nett. Die Ärztin schenkt Erika sogar ein Kleid, damit sie etwas Besseres anzuziehen hat. Und so arbeitet Erika als junges Mädchen im Haushalt, geht einkaufen, kocht und putzt, bis eines Tages ein Brief aus Deutschland eintrifft, an Erika persönlich adressiert.

Vermutlich über den Suchdienst des Deutschen Roten Kreuzes hat ein Schwager von Erika aus Deutschland ihr Schicksal und ihren Verbleib in Erfahrung gebracht. 1951 müssen die wenigen noch verbliebenen Deutschen Königsberg verlassen oder die russische Staatsbürgerschaft annehmen. Obwohl die russische Familie dadurch ihre gute Haushaltshilfe verliert, hat die Ärztin Verständnis. Sie freut sich für Erika, dass sie nun wieder zu ihrer Familie kommen wird.

Erika kommt mit einem Transport ins Quarantänelager Fürstenwalde. Nach einem dreiwöchigen Aufenthalt wird sie von hier aus nach Chemnitz entlassen, hier lebt die älteste Schwester. Von dort aus weiter nach Berlin, von da mit der PanAm in den Westen.

Der Vater war noch während der letzten Kriegshandlungen verwundet worden und nach seiner Entlassung aus dem Lazarett 1947 in ein Versehrtenheim in Harburg übergesiedelt Nach ihrer Ausweisung 1949 war die Mutter zum Vater gezogen. Harburg ist also die Anlaufstelle. Erika kommt 1951 dort an. Sie ist zwanzig Jahre alt, also noch nicht volljährig, und hochschwanger. Sie ist aber nicht verheiratet und somit „nicht gesellschaftsfähig". Von der Familie, insbesondere dem Schwager, wird Erika dennoch unterstützt. In der Nähe von Celle wird eine Entbindungsklinik gefunden. Erika bekommt einen Sohn.

Es war eine Zweckverbindung, sagt sie. Um zu überleben. Die, die sich nicht zusammengetan haben, sind oft gestorben, sie hatten nichts. Es war eine Verbindung, um am Leben zu bleiben.

Erneut steht Erika vor dem Nichts. Mutter eines unehelichen Kindes zu sein ist 1951 ein Makel, eine Schande. Erika hat sieben Jahre lang die Schule besucht, aber keinen Abschluss, keine Ausbildung. Wovon soll sie leben? Wo soll sie leben? Und wie, mit einem Kind?
Die Familie organisiert erst ein möbliertes Zimmer, später eine kleine Wohnung, in der Erika mit den Eltern lebt, die sich um das neugeborene Enkelkind kümmern. Erika geht zum Arbeitsamt und bekommt Arbeit als Waldarbeiterin angeboten. Große Hilfe erfährt Erika von einer Erzieherin, die hier mit jungen Mädchen arbeitet. Sie schlägt Erika vor, entweder in den Modebereich zu

gehen oder aber die Frauenfachschule zu besuchen. Ein Probetag überzeugt Erika dann davon, dass die geforderte Kreativität im Modebereich nicht ihren Neigungen entspricht, sie entscheidet sich für die Frauenfachschule.

Hier wird sie bei der Direktorin vorstellig, die herablassend sagt: "Heiraten Sie doch einfach, das wäre das Beste für Sie!" Erika erfährt hier die ganze Verachtung, die damals Alleinerziehenden entgegengebracht wird und beschließt, ihr Kind ab jetzt nicht zu erwähnen.

Sie wird in eine Klasse mit Hilfsschülerinnen gesteckt, die ihren Abschluss nicht geschafft hatten. Erika ist unterfordert. Die Lehrerin, die Erika wohlgesonnen ist, bemerkt das schnell und steckt Erika in eine andere, für sie geeignete Klasse. Hier macht Erika ihren Schulabschluss, damit sie danach die Frauenfachschule besuchen kann. Nach einem Jahr auf der Frauenfachschule Klasse eins muss Erika zwei halbjährige Praktika machen, eins macht sie auf Sylt in einer Teestube in Braderup, eins in der Lungenheilanstalt in Pappenheim/Franken. Danach folgt ein Jahr Frauenfachschule Klasse zwei und ein einjähriges Berufspraktikum im Großbetrieb Krankenhaus Buchholz. Die Ausbildung, die sie macht, entspricht dem, was heute Ökotrophologin heißt. Von den Mitschülerinnen und den Lehrerinnen weiß offiziell niemand, dass Erika bereits Mutter ist. Sie vermutet, dass die eine Lehrerin, die ihr besonders zugetan war, es zumindest ahnt, aber gesprochen wird darüber niemals. Erika geht zur HEW und bekommt eine Anstellung und bildet sich in zwei weiteren Jahren zur Elektroberaterin weiter. Diese Stelle behält sie bis zu ihrem letzten Arbeitstag. Es gefällt ihr dort wunderbar, die Aufgaben entsprechen genau Erikas Neigungen. Aber auch hier erzählt Erika niemandem, dass sie ein Kind hat. Erst, als sie ihren Sohn eines Tages zum Kinderbacken mitbringt, erfahren die Kollegen davon. Erika erntet ungläubige Reaktionen.

Später lernt sie ihren Mann kennen. Sie reisen beide gern, stellen beim Nachhausekommen jedes Mal fest, wie gut es ihnen geht. Recht spät im Leben wenden sie sich dem Sport zu. Tennis spielen sie und dann Golf.

Nach dem Fall der Mauer reisen beide noch einmal in die Heimat ihrer Kindertage. Erikas Ehemann ist auch Flüchtling, allerdings aus Schlesien. Erika sieht, dass ihr Elternhaus nicht mehr steht. Das ganze Dorf ist verschwunden. Ihr Ehemann fängt an der Stelle, wo das Elternhaus einmal gestanden haben muss, an, ein wenig zu graben, und so kann Erika ein kleines Stück Mauerstein mit nach Hause nehmen. Einen russischen Mann, der ein Hebewerk bedient und kontrolliert, sprechen sie an, aber er kann gar nichts über früher erzählen. Alle fünf Jahre werden die Posten dort ohnehin neu vergeben.

Der Besuch der alten Heimat ist für Erika mit Wehmut verbunden. Das Land ist versteppt, aber die Gilge fließt, wie in früheren Zeiten, ruhig zwischen den bewachsenen Ufern zum Kurischen Haff. Idyllisch ist es dort, sagt Erika. Und es gibt Störche, so viele Störche, und Schwalben. Und überall Störche. Und wie Erika das Wort „Störche" ausspricht, kann sie ihre ostpreußische Herkunft nicht verleugnen.

Es war ein Land..." - Eine Art Epilog

von Birgit Wiedenmann-Naujoks, Hochsommer 2014

Störche, überall Störche, erhaben kreisend, schwebend, scheinbar schwerelos. Wir haben die Köpfe in den Nacken gelegt und bewundern die Ästhetik ihres Fluges. Wieviele mögen es sein?

Aber vielleicht sollte ich am Anfang beginnen:
Im Hochsommer 2014 zeigt Erika mir die Stätten ihrer Kindheit. Ihre Biografie bekommt bunte Bilder, Geräusche und Gerüche und wird für mich immer stärker greifbar. Eine Station ist Alt-Lappienen/Rauterskirch, heute Bolschije Bereschki, ehemals u.a. berühmt für seine achteckige Kirche. Und in der Ruine eben dieser Kirche, die vor fast 40 Jahren durch Blitzschlag zerstört wurde, stehen wir bei herrlichstem Sommerwetter und bewundern Adebar. Hin und wieder schwebt einer der großen Vögel ein und landet auf seinem Nest. Überall auf der Ruine und den umgebenden Bäumen sind Storchennester.

Nur wenige Schritte von der Kirche entfernt fließt ruhig und majestätisch die Gilge wie seit eh und je, nur ist der sie umgebende Damm inzwischen total verwildert. Über diesen Damm ist Erika zur Schule gegangen. Sie zeigt mir, wo die Schule stand und findet sogar den Ort, wo sie vor so vielen Jahren ihre Tafel beim Rodeln auf dem Damm kaputtgesessen hat. Beim Anblick des steilen Dammes kann ich mir gut vorstellen, wie Kinder hier bei Eis und Schnee bergab gesaust sind.

Wir besteigen den verwilderten Gilgedamm, müssen aufpassen, dass uns das Brombeergestrüpp nicht zu sehr zerkratzt. Hier oben fanden früher Teile des Sportfestes statt, der 60m-Lauf zum Beispiel, und heute ist nur ein schmaler Trampelpfad auf dem Damm sichtbar, vermutlich von Wild.

In Sergej haben wir nicht nur einen sehr guten, sondern auch sehr einfühlsamen Fahrer gefunden. Viele Taxifahrer weigern sich, die von uns gewünschten Wege zu befahren aus berechtigter Sorge um ihr Fahrzeug. Sergej aber scheint zu spüren, wie wichtig die Stationen dieser Reise sind, und führt uns trotz unvorstellbarer „Straßen"verhältnisse an die Plätze vergangener Zeiten. Die Schlaglöcher, eher Krater, haben teilweise gigantische Ausmaße. Wir werden auf dieser Reise nicht nur emotional kräftig durchgeschüttelt.

Der Weg, der noch immer, wenn auch in kaum passierbarem Zustand, an der Gilge entlang verläuft, ist Erikas früherer Schulweg. Lang ist er, und obwohl wir motorisiert unterwegs sind, dauert es, bis wir an Erikas Heimatort angelangen. Steter Begleiter auf dieser Reise in die Vergangenheit ist eine alte Karte - noch aus Vorkriegszeiten. In über sieben Jahrzehnten hat sich natürlich viel verändert, aber die Wege sind gleich geblieben, und so ist die alte Karte eine gute Orientierungshilfe.

Die Gilge mit ihren mittlerweile verwilderten Dämmen

Von der ehemaligen Bebauung ist nichts geblieben. Wo die alte Karte Gehöfte zeigt, ist heute verwahrloste Landschaft. Verwilderte, malerische Kopfweiden zeugen von ehemals kultiviertem Land, und gigantische Flächen von leuchtend gelb-orangen Gartenblumen verraten uns, wo einst Häuser gestanden haben müssen. Ansonsten sehen wir nur meterhohe Disteln und versumpftes Land. Die Entwässerungsgräben sind nicht mehr gepflegt, die Pumpwerke arbeiten nicht oder nur schlecht, der Boden ist übersäuert.

Vor meinem inneren Auge sehe ich Dokumentarfilme aus den dreißiger Jahren, alte Fotos, immer wieder zuckt der Begriff „Kornkammer" durch meinen Kopf, aber spätestens beim nächsten Schlagloch holt mich die Jetztzeit wieder ein. Dass eine Kulturlandschaft komplett verkommen kann, dass nur für sehr geübte Augen noch Spuren der Zivilisation sichtbar sind, hatte ich mir vorher trotz intensiver Vorbereitung nicht vorstellen können. Wie mag es Erika ergehen, die diese Landschaft noch aus deren Blütezeit erinnert?

Ohne die alte Karte hätten wir den Abzweig verpasst. Erika ist sich beinahe sicher, dass wir falsch sind, aber die Karte zeigt, dass genau hier ihr Heimatort war. Wir steigen aus und gehen ein Stück zu Fuß. Als Erika die steilen Abhänge sieht, erinnert sie sich an die Namen der Bauern, die hier einst wohnten, nach etlichen weiteren Schritten kommt langsam und zögerlich das Wiedererkennen. Von Reatischken steht nichts mehr, keine Ruine, keine Grundmauer, es ist alles weg. Schwer tragende Apfelbäume zeigen hier und da ehemalige Gärten an, ein für mich kaum zu erkennender Hügel war früher der Friedhof. Ein tatsächlich nicht mehr zu befahrener Weg führt zu dem Platz, an dem Erikas Elternhaus stand. Selbst ich habe einen großen Kloß im Hals.

Ich habe mir fest vorgenommen, von dem Platz, an dem Erikas Elternhaus stand, ein wenig Erde mitzunehmen. Als ich den Weg entlanggehe, macht sich leichte Verzweiflung breit. Ich habe weder Schaufel noch Lederhandschuhe dabei. Der Weg ist hart wie Beton, neben dem Weg stehen hohe Disteln, auch hier ist der Boden steinhart. Das Schicksal aber hat es gut gemeint heute. Gerade an dem Ort, wo Erika als Kind gewohnt hat, ist an drei Stellen die Vegetation nicht vorhanden, die Erde frisch aufgeworfen und sehr gut in das mitgebrachte Gefäß zu füllen.

Als wir in Palmnicken ankommen, weint der Himmel. Dort, wo das große Massaker stattfand, steht seit ein paar Jahren ein großes Mahnmal. Die Straße, die nach Palmnicken führt, ist seit Kriegsende unverändert, wir fahren über altes deutsches Kopfsteinpflaster. Dort, wo Erika nach Hubnicken mit dem Fahrrad fuhr, fahren wir mit dem Auto. Hier scheint die Zeit stehengeblieben zu sein, lediglich die Alleebäume haben siebzig Jahre an Umfang zugenommen. Die hier stehenden Bauernhäuser stammen alle noch aus Vorkriegszeiten. Der Zahn der Zeit hat ihnen aber arg zugesetzt.

Wir fahren nach Seckenburg, dem Ort, an dem Erikas Mutter mit ihr zusammen nach dem Ende des Krieges angesiedelt wurde. Der Ort verfällt, man hat das Gefühl, dass auch hier in absehbarer Zeit kein Hause mehr stehen wird. Eine Dorfbewohnerin zeigt uns, wo der Kleine Friedrichsgraben verläuft. So stehen wir am Ufer und Erika erzählt, wie sie mit dem Kahn übergesetzt ist, um in den Häusern auf der anderen Seite nach verwertbaren Gegenständen zu stöbern. Auch hier scheint jemand die Zeit angehalten zu haben, selbst das Wasser auf dem Kleinen Friedrichsgraben ist unbeweglich und still. Idyllisch wachsen am Ufer ein paar Seerosen, ein Reiher wartet geduldig auf Beute.

In der Nähe von Seckenburg gibt es noch eine intakte Kolchose, hier wogen an vielen Stellen breite Getreidefelder mit Roggen und Hafer, man sieht, wie fruchtbar das Land ist. Obwohl die Felder heutzutage viel größer sind als in den dreißiger Jahren, sind die Eindrücke beim Durchfahren der Landschaft so, wie man es nach dem Betrachten der Dokumentarfilme aus der damaligen Zeit erwarten würde. Über uns wölbt sich der vielbesungene ostpreußische Himmel, sogar unsere Reiseleiterin gerät ins Schwärmen. Welch ein Kontrast zu der Ödnis in Reatischken!

Da es die Brücke über die Gilge nicht mehr gibt, müssen wir nach Kaukehmen einen großen Umweg machen. Als wir am Fluss entlangfahren, zeigt Erika mir, wo in etwa der russische Soldat lag, den sie verscharren mussten. Ein paar Kilometer nördlich von Kaukehmen liegt Kloken. Der Weg zum Damm der Rus wird immer schlimmer, immer tiefer sind die nicht mehr passierbaren „Schlaglöcher". Ich habe kaum Hoffnung, dass wir nach so vielen Jahrzehnten die Stelle des Dammbruchs finden werden. Aber erneut scheint jemand unsichtbar und leise unseren Weg vorbereitet zu haben. Als Sergeij das Auto stoppt, stehen wir genau an den Gruben, aus denen Erika zusammen mit den anderen Frauen und Mädchen den Sand geschaufelt hat. Die Sonne scheint, die Grillen zirpen, es ist ein schöner Tag. Die Gruben sind mittlerweile natürlich vollgelaufen mit Wasser und bilden malerische kleine Seen. So kann ich die Tiefe nur erahnen. Die wenigen Male, die ich selber Sand geschaufelt habe, kommen mir in den Sinn. Sand ist schwer, und Pausen zum Ausruhen wird es damals wohl kaum gegeben haben.

Kaukehmen war wohl einst ein hübscher Ort, jetzt sieht man nur Armut und Verfall. Als wir am Marktplatz anhalten, zeigt Erika mir Stellen, an denen sie sich auf der Flucht von der Kolonne nach der Arbeit am Dammbruch versteckt hat. Sergej stellt auf Erikas Bitte den Tageskilometerzähler auf Null. Wir fahren den Weg, den Erika nach Anbruch der Dunkelheit nach Hause gegangen ist, mit dem Auto ab. Die alte Allee ist größtenteils intakt. Erika zeigt mir, wo in etwa das Haus der Russen war, an dem sie auf ihrem heimlichen Heimweg immer vorbei musste. Obwohl die Zeiten lange vorbei sind, es helllichter Tag ist und nun wahrlich keine Gefahr mehr droht, sträuben sich mir die Nackenhaare. Viel zu dicht an der Straße ist das Haus, um unbemerkt vorbeizuschleichen. Erneut wundere ich mich, dass Erika damals den Mut für diesen Weg aufbrachte.

Als wir am ehemals nördlichen Ende der inzwischen nicht mehr vorhandenen Brücke bei Rauterskirch ankommen, zeigt der Zähler bereits 13 Kilometer. Von Rauterskirch nach Seckenburg auf der anderen Seite der Gilge ist es noch ein weites Stück.

Kurz vor der Abreise ist Erika gestürzt und hat nun, genau wie damals, ein Wunde am Knie. Dieses Mal heilt sie zum Glück ohne Komplikationen oder Zuhilfenahme von Zucker ab. In Kaliningrad, dem ehemaligen Königsberg, fahren wir an dem Gefängnis vorbei, in dem Erika so lange auf Sonnenlicht gewartet hat. Ich sehe die schmalen Fensterschlitze, die viel zu hoch angebracht sind, um etwas außer Himmel dadurch erkennen zu können. Das Gebäude dient auch so viele Jahrzehnte nach dem Krieg noch immer dem gleichen Zweck. Wir dürfen nicht aussteigen und nicht fotografieren. Wie lange mögen die dort Eingesperrten heute auf das Erblicken von Sonnenlicht und Grün warten?

Wo genau Erika hier in Königsberg Steine geklopft hat, ist nicht mehr auszumachen. Wir fahren und laufen durch die Stadt und freuen uns an vielen Stellen, mit wieviel Liebe zum Detail die Menschen die Stadt jetzt wieder in altem Glanz erstrahlen lassen. Unsere Reiseleiterin, Germanistin und Historikerin, ist eine sehr einfühlsame Frau. Am Ende dieses schweren Weges führt sie uns in eine Kirche, die eigens für uns aufgeschlossen wird. Taktvoll lässt sie uns ein wenig alleine, so dass wir beten und unsere aufgewühlten Gefühle ein wenig zur Ruhe kommen lassen können.

Mir werden am nächsten Morgen unaufhaltsam Tränen
übers Gesicht laufen. Was mag Erika empfinden?

Während ich in der Kirche sitze und die Bilder und
Eindrücke Revue passieren lasse, gehen mir die letzten
Zeilen von Agnes Miegels Elegie „Es war ein Land"
durch den Kopf:

Nie zu klagen war unsre Art,
Du gabst und Du nahmst, - doch Dein Joch drückt hart!
Vergib, wenn das Herz, das sich Dir ergibt,
Nicht vergißt, was zu sehr es geliebt,
Was Gleichnis uns war – und noch bleibt im Leid, -
Von Deines Reiches Herrlichkeit!

O kalt weht der Wind über leeres Land,
O leichter weht Asche als Staub und Sand,
Und die Nessel wächst hoch an zerborstner Wand,
Aber höher die Distel am Ackerrand!

Kinderland ? Verschickt !

von Wolfgang Peper

Sonntags konnte mein Vater ausschlafen, aber wir Kinder genossen es, zu ihm ins Bett zu kriechen: „Erzähl uns noch mal, wie es bei dir als Kind war!".

Karl war das älteste von drei Kindern, Jahrgang 1930. Er wuchs in der Eppendorfer Frickestraße als Sohn eines Maurer- und Elektrikerhandwerkers auf. Straßenkämpfe zwischen Kommunisten und Nazis, die in der damaligen Arbeitergegend nicht selten waren, deutete er nur an.

Mit etwa 10 bis 11 Jahren verließ er Hamburg, um, wie wir dachten, Abenteuer zu erleben:

„Wir waren in einem alten Schloss mit unserer Schulklasse untergebracht. Dort hatten wir auch Schulunterricht. In der großen Eingangshalle spielten wir Völkerball mit Medizinbällen bis zum Umfallen."

Manchmal wurde es auch gruselig, denn es war ja Krieg: „In der Nähe war einmal ein amerikanisches Flugzeug abgestürzt. Bei strenger Strafe war es verboten, sich auch nur zu nähern. Natürlich sind wir doch heimlich hingeschlichen. Da sahen wir den toten Piloten mit kaputtem Schädel im Cockpit liegen."

Wir Kinder waren geschockt, aber beneideten Vater auch wegen solcher „Abenteuergeschichten". Die Zusammenhänge verstanden wir kaum, wenn er schwärmte: „Die Verwandten schickten mir immer ihre Kuchenmarken. So konnte ich mir 15 Rosinenschnecken kaufen und auf einmal verdrücken!"

Wie rund 5 Millionen Kinder war Karl „kinderlandverschickt" worden, sogar zweimal. (Jüdischen Kindern oder solchen, die aus „systemkritischen" Familien stammten, wurde die KLV dagegen verweigert). Der Nachwuchs musste aus den durch Bombenangriffe gefährdeten Städten herausgebracht und versorgt werden: eine Bankrott-Erklärung des Hitler-Staates, die Jugend zu Hause nicht mehr schützen zu können. In mit Kindern völlig überfüllten Zügen ging es in Richtung Süddeutschland aufs Land. Allen wurde ein Schild um den Hals gehängt, das Namen und Adresse trug. Bis zum 10. Lebensjahr kamen Kinder in Privathaushalten unter. Dadurch wurden die Verhältnisse in manchen Gast-Familien sehr eng, so dass die Gäste etwa in der Küche schlafen mussten.

Ältere Kinder fuhren mit ganzen Schulklassen in Gemeinschaftsquartiere wie beschlagnahmte Hotels, Schlösser oder Schullandheime, und blieben manchmal über mehrere Jahre in den KLV-Lagern.

Der Schulunterricht wurde improvisiert weitergeführt. Jugendliche Lagermannschaftsführer achteten darauf, dass die Kinder fern des Elternhauses ideologisch geschult und militärisch gedrillt wurden, auch durch schikanöse Strafen. Bei öffentlichen Auftritten oder beim Besuch von Parteibonzen trugen die Kinder die HJ-Uniform. Strafexerzieren, Marschlieder und Ernteeinsätze gehörten zum KLV-Alltag. Karl war stolz auf sein Fahrtenmesser und lernte das Fanfareblasen auf Klarinen.

Mutproben, Nachtwanderungen und Geländespiele, zu denen auch einheimische Kinder eingeladen wurden, sollten die Gemeinschaft stärken und wohl auch auf Ernsteres vorbereiten. Manchmal ging es zwischen

Städtern und Einheimischen hart her, denn jeder wollte den anderen beweisen, wer wirklich „das Sagen" hatte.

Wegen seiner schmächtigen Statur und wohl, weil er der älteste Sohn der Familie war, wurde Karl auch bei einer Familie in Wien untergebracht. Bis ins Alter schwärmte mein Vater von der „Weltstadt der Musik". Die Neujahrskonzerte der Wiener Philharmoniker mit den Walzern, Ouvertüren und Polkas der Strauß-Familie gehörten später für uns zum Ritual des Jahresbeginns.

Über Wiener Humoristen wie Hans Moser, Georg Kreisler oder Karl Kraus konnte er sich amüsieren. Buchteln (süße Hefebrötchen), Sachertorte oder Kaiserschmarrn beschrieb er so, dass uns das Wasser im Mund zusammenlief. Auch sein großes Interesse an Malerei und Baukunst verdankte er Wien.
Begeistert beschrieb er genauer die Schauplätze wie Stephansdom oder Prater, wie sie im Film „Der dritte Mann" zu sehen waren. Trotzdem klang auch immer wieder entsetzliches Heimweh durch Vaters Erzählungen: „Die Gasteltern bekamen natürlich Geld dafür, dass ich da wohnte. Der Mann war ein hundertprozentiger Brauner und hat mich manchmal verprügelt."

Oft hörten die verschickten Kinder monatelang nichts von zu Hause.

In der Zeit des Wienaufenthaltes musste den 12-jährigen Karl die Nachricht erreicht haben, dass sein Vater während des Krieges in Belgien zwei Arme und ein Bein durch den Brand eines Flakscheinwerfers verloren hatte und daran verstorben war. Karls Mutter hatte ihren Mann nicht mehr im Lazarett besuchen können. Jetzt wurde deutlich: Die Massenevakuierung der

Kinderlandverschickung hatte auch den Sinn, das wirtschaftliche Überleben von kriegsgeschädigten Familien zu sichern. Die vom Krieg verschonten Söhne wurden Familienoberhaupt anstelle der gefallenen Väter. Schnell machte meine Großmutter ihrem ältesten Sohn klar: „Du, mein Karlchen, musst jetzt die Verantwortung übernehmen und zügig eine Lehre machen." Ich glaube, diese Verantwortung belastete ihn noch bis ins hohe Alter.

Im Rückblick wird mir deutlich, warum Karls Erzählungen aus dieser harten Epoche seines Lebens so emotionslos und verharmlosend wie ein Wandertag klangen. Mein Vater konnte sich den traurigen Gefühlen von Heimweh, Verlust und seelischer Härte nicht anders nähern als durch Abspaltung und Verdrängung der damit verbundenen Emotionen. Mitten aus der Pubertät heraus ging es nun um die viel zu große Verantwortung für eine vierköpfige Halbwaisen-Familie, begleitet von der ständigen Sorge um das Wirtschaftsgeld.

1953, als die Geschwister groß geworden waren, verließ er die Ursprungsfamilie. Im Hamburger Brahms-Chor hatte er seine große Liebe und spätere Ehefrau Anna kennengelernt. Auch sie war das älteste von drei Kindern und musste ihr Lehrlingsgehalt der Familie opfern. Der Vater, Seemann, war ebenfalls kriegsversehrt. Die Chormusik aus den großen Opern und den Operetten von Strauß und Lehar führte beide zusammen und ließ den harten Alltag des Wiederaufbaus vergessen. Sie suchten eine neue, eigene und „heile" Familie. Gerechtigkeitssinn, Sparsamkeit und tiefes Verantwortungs-bewusstsein prägten Karl wie Anna.

Manchmal saß ich später mit meinem Vater vor dem Schallplattenwechsler der Musiktruhe. Er konnte sich für die Conga- und Rumba-Musik der „Lecuona Cuban Boys" begeistern und liebte lateinamerikanische Tänze. Versunken wurde er, wenn knisternd und rauschend die Musik der Comedian Harmonists erklang, etwa:

„Irgendwo auf der Welt gibt's ein kleines bisschen Glück,
Und ich träum' davon in jedem Augenblick…
Wenn ich wüsst, wo das ist, ging ich in die Welt hinein,
Denn ich möcht einmal recht so von Herzen glücklich sein…"

Mit einem Taktstock erklärte er mir die besondere asymmetrische Spielweise des Wiener Walzers. Wenn die Eingangstakte von „G'schichten aus dem Wienerwald" auf den Hörnern und der Zitter erklingen, überkommt mich noch heute eine tiefe, unerklärliche Wehmut, die Fernweh und Heimweh zu verbinden scheint.

Lebendfalle

von K. Maria Trüggelmann

Mein Großvater und ich, wir waren ein unternehmungsfreudiges Team, wenn es um den Alltag und die Existenz ging. Er Jahrgang 1885, ich Jahrgang 1951, unser gemeinsamer Alltag bestand aus Schweinezucht und Schweinemast.

Der Schweinestall war neu gebaut und der Alltag hatte sich eingespielt. Hinten, in den größeren Auslaufstellen, lebten die Mastschweine etwa drei Monate bis zum Verkauf. Und im vorderen, kleinen Teil mit Ofen lebten die Muttertiere mit ihren Ferkeln.

Alle großen Tiere wurden zweimal am Tag gefüttert und erhielten angewärmtes Wasser zu trinken. Auf dem großen Dachboden lagerte Stroh und auf dem kleineren Dachboden waren die Getreidevorräte. Das Getreide gelangte über eine Schrotmühle in die unteren Räume zur weiteren Verarbeitung.

Zu den Futtermitteln gehörten auch Kartoffeln, die in einem großen Bottich gekocht wurden. Mit gehäckseltem Buschholz, welches in der ländlichen Umgebung auf den Knicks reichlich vorhanden war, beheizten wir den großen Ofen.

Für den heutigen Tag hatte mein Großvater eine besondere Aktion geplant. Es ging um die Mäuse! Er organisierte einen Ziegelstein und ein großes Brett. Das Brett wurde mit einem Ende auf den Stein gelegt, und ich hatte die Aufgabe, mich auf das schräge Brett zu stellen.

Alle Türen waren geschlossen. Mein Großvater bereitete die Aktion so akribisch genau vor, dass absolut nichts mehr im Raum war, das irgendwie Schatten werfen konnte.

Dann schüttelte mein Großvater den Buschhaufen mit einer Forke so kräftig durch, dass die Mäuse wussten, sie konnten dort ihres Lebens nicht mehr sicher sein.

Eine nicht geringe Anzahl von Mäusen wechselte blitzschnell ihren Aufenthaltsort und suchte Schutz unter meinem Brett. Ebenso schnell schlug der Großvater den Stein unter dem Brett weg. Und wir wussten: „Zur Zeit haben wir keine Mäuse im Schweinestall."

Wir waren ein starkes Team, hatten wir doch gemeinsam dafür gesorgt, dass die ganz Kleinen nicht den ganz Großen das Futter wegfressen. Für diesen Tag war die Welt in Ordnung.

Vorfreude aufs Fest

von H. B., Dezember 2014

Schon das Backen zur Weihnachtszeit war ein Höhepunkt in der Vorfreude auf das Fest.

Verglichen mit den heutigen Verhältnissen war das allgemeine Einkommen in den 30ger Jahren gering und das Angebot an Lebensmitteln ebenfalls. Wir wohnten damals in Berlin.

Im Winter aßen wir deutsches Wintergemüse und im Sommer auch das bei uns wachsende Gemüse. Nicht mal Tomaten gab's, weil kaum Importe stattfanden. Süßigkeiten waren selten – wir waren also nicht verwöhnt. Nur Apfelsinen, Mandarinen mit den vielen Kernen, und Bananen sah ich auf dem Markt. Für die empfindlichen Bananen war der Transport damals noch nicht so perfekt wie heute. Es gab viele mulschige, die auf einem Extrahaufen lagen und die ich besonders gern aß. Für meine Quengelei bekam ich dann eine, das Stück für einen Groschen, das waren zehn Pfennige.

Aber dann nahte Weihnachten! Zunächst kamen die Leierkastenmänner mit ihren Drehorgeln in die Hinterhöfe und spielten nun Weihnachtslieder. Das war in der dunklen Jahreszeit, bei Laternenschein und erleuchteten Fenstern ein stimmungsvolles Erlebnis. Hier und da öffnete sich ein Fenster und es wurde, in Papier eingewickelt, ein Sechser, das war ein Fünf-Pfennig-Stück oder auch ein Groschen, hinuntergeworfen. Ein Äffchen, das auf der Orgel saß, sprang an einer langen Leine hinunter und brachte das Geld seinem Herrn für die Kasse.

Ich habe im Fenster gelegen und alles beobachtet. Natürlich durfte ich auch ein Stück Geld runterwerfen.

Ab dem ersten Advent zogen herrliche Düfte durch die Wohnung. Wir hatten unzählige traditionelle Rezepte, auch von den Vorfahren. Jedes Gebäck schmeckte anders, entweder nach dem jeweiligen Gewürz, oder nach Mandeln oder Nüssen, mit Honig, Sirup oder auch Backobst gebacken. Es wurde sorgfältig aus gestochen mit den vertrauten und beliebten Formen, auch in Model gedrückt oder selbst geformt und – je nachdem – vor oder nach dem Backen mit Glasuren, buntem Zuckerstreusel, Mandeln, Rosinen oder Baiserüberzug verziert. Auch das beliebte Quittenbrot, in Rauten geschnitten, war dabei.

Dann kam für meinen Bruder und mich das Beste: Schüsseln auskratzen, Geräte ablecken. Auch den Teig hatten wir schon mal vorher probiert, ob nicht aus Versehen Salz statt Zucker verwendet wurde.

Alles Gebäck wurde gut in Dosen verwahrt. Das Quittenbrot trocknete auf den Schränken. Da kamen wir leider nicht dran.

Am Heiligen Abend fanden wir alle dann einen wohlgefüllten Bunten Teller auf unserem Platz, der auch noch mal nachgefüllt wurde.

Ich habe diese Tradition noch viele Jahre in meiner Familie weitergeführt, und noch heute erinnern sich meine Kinder gerne daran. Vor allen an den Duft, der sie nach der Schule empfing.

Vor Weihnachten

von Karin Hiller, Dezember 2014

„Karin, weißt Du noch? Erinnerst Du Dich an den Schneepflug, den Opa für mich gebaut hat?" fragte meine drei Jahre ältere Schwester Edith gestern am Telefon. „Nöö!" war meine Antwort. „Ich erinnere mich nur an die Windmühle, die er gebaut hat."

In Gedanken befinden wir uns in einer bäuerlich-ländlich geprägten Umgebung in Schleswig-Holstein, dem Kreis Steinburg. Die 60-er Jahre beginnen gerade.

Ganz begeistert berichtet meine Schwester von ihren Erinnerungen:

„Es hatte einige Tage geschneit und der vier Kilometer lange Schulweg, der in Zickzack-Form von unserem Hof durch die Felder bis ins Schuldorf führte, war zugeschneit. Der Wind sorgte für hohe Schneeverwehungen, das Fahrrad blieb an solchen Tagen zu Hause auf dem Hof.

Unser Großvater hat aus einer Holzbox, die ursprünglich die Aufgabe hatte, Zuchtsauen zu transportieren, einen Schneepflug gebaut. Aus Metall konstruierte er Pflugscharen und befestigte diese unter der Holzbox. Das Pferd wurde davorgespannt, Großvater stellte sich in den selbstgebauten Schneepflug und lenkte das Pferd bis ins Dorf und wieder zurück. So war der Weg für mich frei von Schnee."

An den Schneepflug habe ich beim besten Willen keine Erinnerung, aber, wie gesagt, an die Windmühle.

Es war wieder so ein Winter mit besonderen Herausforderungen: Tagelang andauernder, strenger Frost, Ostwinde peitschten über die Landschaft und verwandelten die Schneeflocken in scharfe Eiskristalle. Unser Schulweg wurde durch die Schneeverwehungen zu einer Dünenlandschaft.

Mit Edith, Elke und Emil befand ich mich auf dem Schulweg nach Hause. In der Schule wurden aus gold- und rotglänzender Folie Engel gefaltet. Diese Engel waren für uns die Vorlage für lebensgroße Engel. Wir ließen uns mit dem Lederschulranzen auf dem Rücken rückwärts in eine große Schneewehe fallen, mit ausgebreiteten Armen wurden die Flügel und mit den Beinen das Engelsgewand in den Schnee gearbeitet. Es galt nur noch aufzustehen und die Schneeengel zu bestaunen. Dabei beließen wir es. Wir stapften weiter durch den Schnee nach Hause.

Der letzte Kilometer lag noch vor uns, und schon von weitem konnten wir erkennen, dass die Windmühle nicht mehr an ihrem Platz stand. Diese Windmühle war so eine Art „Vogelscheuche" für Wildschweine. In der Dämmerung verließen die Wildschweine den nahen Wald, um auf den Feldern nach Nahrung zu suchen. In einer Rübenmiete wurden die Nahrungsvorräte für die Rinder gelagert, und genau an dieser Rübenmiete hatte Großvater die „Windmühle" aufgestellt. Ihre Aufgabe war es, ordentlich Lärm zu verbreiten und so den scheuen Tieren Respekt einzuflößen. Der Schneesturm hatte alles zertrümmert.

Ausnahmsweise hatten wir Geschwister in dieser Situation einmal keine Meinungsverschiedenheiten, und so bedurfte es keiner Diskussion. Wir waren uns einig: Das konnte so nicht bleiben!

Also verließen wir den Weg, und marschierten über den Acker direkt auf das Trümmerfeld zu. Wir zogen die Einzelteile, die aus den Schneeverwehungen ragten, heraus. Dann luden wir uns die Blech- und Holzteile gegenseitig auf die Schultern. Sodann ging es wieder auf dem Heimweg im Gänsemarsch nach Hause, dem Ostwind die Stirn bietend.

Zu Hause wurden wir mit Ungeduld erwartet und mit Erleichterung in Empfang genommen. Unsere vor Kälte starren Extremitäten mussten wir erst einmal warmklopfen. Mit einem unangenehmen Ameisenkribbeln kam die Wahrnehmung für den eigenen Körper zurück.

Während wir langsam wieder auftauten, stiegen die Schatten der jüngsten Vergangenheit auf: Unser Vater berichtete von seinen Erinnerungen an den Kriegswinter in Russland. So senkten sich Ahnungen von menschlichen Abgründen in unser kindliches Bewusstsein.

Alsdann ging es in die warme, mit Holz beheizte Küche. Am großen Tisch wurde der Hunger gestillt und der weitere Alltag besprochen.

Es war, wie heute, Mitte Dezember, die ganze Familie richtete sich auf das bevorstehende Weihnachtsfest aus, und, wie in jedem Jahr, wurde die Zeit langsam knapp.